ぼくの

7日間選挙戦記

25歳で区長選挙に出馬した理由

田中將《まさ》介《ゆき》

遊行社

アコム
3F
'18 4 14

'18 4 14

はじめに

やらなくていい理由はいくらでも出てきた。やらないための言い訳は次から次へと溢れてきた。

いつも偉そうに、「やってみたらいいじゃん！」と悩みを抱える友人に言うくせに、こと自分のことになると、不思議と壁が一段と大きく見えた。

やってみてダメだったときに、「ほら、言った通りじゃないか」と言われることも容易に想像できた。

「新しいチャレンジは誰でも怖く感じる。

しかしチャレンジをすればあなたはより強く賢くなる。

もしそのチャレンジが間違いであったとしても」


どこかでみた言葉に励まされる。

これまでの過程でたくさんの仲間を失った。

「それでも何もしなければ社会は前に進まない」

同時にたくさんの仲間も加わった。


覚悟は決まった。

もう、やらない理由を探すのはやめた。

ついに、選挙が始まる。


ぼくは、平成30年4月、25歳で練馬区長選への立候補に踏み切った。

「選挙はサークル活動じゃねぇんだよ」

「人生、時にはブレーキも必要だよ」

選挙活動をしていたぼくは、道ゆく方や大人たちからそんな言葉を投げつけられた。

無謀であることなんて、自分が一番わかっていた。それでも、無謀ではないということもおぼろげながら確信に変わりはじめた。


世の中には、「〜すべきだ」とか「〜したほうがいい」という無責任な言葉で溢れかえっている。

見渡せば、自ら行動せず、人の揚げ足をとっている人ばかりのように思えた。

適切な批判ではなく、自らの快楽のための罵詈雑言であふれるこの社会がどうしようもなく嫌だった。

その言葉は、自分自身にも返ってきた。

「今の社会や政治について、思うことがあるならば、自分でやってみたらいいじゃないか」

何もしないで、文句ばかり言う人にはなりたくない。

ぼくの挑戦はその一心から始まった。

ずいぶんと昔から日本には閉塞感が漂っている。

テクノロジーは急速に進化し、時代は大きく変わっても、日本社会は、あまり進歩がなく、同じ過ちを繰り返しているように思えた。

社会保障、地方創生、人口減少、超高齢社会、この国には多くの課題があり、すぐに解決できるものではない。これまで何十年、議論を重ねてきたはずだ。

情報が簡単に手に入る時代になった今、すでにアイディアは溢れ、議論は尽くされている。

もっともらしい言葉を並べ、先延ばしにするのが常態化している。

「〜すべき論」には何の価値もない。どうやったらそのアイディアを実行できるのか。誰を、どうやって巻き込み、着地させていくのか。頭ではわかっていても行動に移すことのほうが何倍も難しい。どっちがいいという話ではない。「実行者になろう」とぼくは思った。

世の中は競争社会だ。格差は必ず生じる。言い換えれば、切磋琢磨できる。皆で足を引っ張るのではなく、力を合わせればいい。しかし言葉で言うのは簡単だ。必ず、落ちこぼれた人はどうなるんだという意見が出る。そこでぼくは「政治」の可能性を感じた。

誰もがスタートラインに立てるように、政治の力で、はしごをかけるのだ。セーフティーネットにも近い。

落ちこぼれた人だけでなく、生まれた境遇によって生じる格差をなくすためにはどうしたらいいのか。

現時点でのぼくは、政治に行き着いた。

そして、政治に関わり始めてから数年が経ち、立候補に踏み切った。

なぜ25歳のぼくが区議会議員や都議会議員、国会議員ではなく、区長選挙に出たのか、きちんと伝えたいと思った。

思い返せば、全ての演説や言動は0点だったが、出馬に踏み切ったことは100点だと思う。

いくら他人から嘲笑われようが、自分がやりたいと思うのならやったほうがいい。

立候補を考えている人、新しい環境に飛び込もうとしている人、そんな方の背中を押せるように、等身大の自分を書いた。失敗、弱さ、見栄、意地、本音。実体験を忠実に再現することで、少しでも、「ヒント」を与えることができたら良いなと思う。

7日間　ぼくの　選挙戦記

目次

挿画／浅見　麻耶

1章　最年少選挙戦はじまる

はじまりの夜

2017年冬の寒いある夜、一通のメールが届いた。

〈練馬区議補欠選挙が行われます。そのための公認候補を募集しています〉

目を滑らせて、「おもしろそうだけど、別に自分は区議に興味ない」とすぐにパスしたものの、実は、心の底では「政治家」に対する興味は少しだけあった。

2017年10月、衆議院選挙があった。小池百合子都知事が立ち上げた希望の党が惨敗したあの選挙は記憶に新しいだろう。当時、希望の党創設、民進党の分裂、立憲民主党の立ち上げなど、野党は混乱していた。選挙の公示が迫る中で、ぼくの携帯電話がなった。

「選挙に出ないか？　600万円用意できるか――」

昔から交流のある党関係者からの連絡だった。10日に予定される公示日の数日前で、その月の1日、ぼくは25歳になったばかりだった。

　結局選挙には出なかったが、これまで出馬することなど考えてもみなかった自分に、「被選挙権」があることを、強く認識するきっかけになった。

　時は流れ、前と変わらない生活を過ごしていたときに届いた一通のメール。区議補欠選挙の報せ。

「地方議員は副業ＯＫ、かつ３０００票が当確ライン」というのは、以前から知っていた。地方議員をやりながら、ＮＰＯを立ち上げ、社会活動をしている知人の姿がよぎり、「アリかもしれない」という考えがフッと頭の中を巡った。なんとなくネットで検索し始めたものの、やはりその程度の考えでは、区議補欠選挙に挑戦する動機にはならなかった。ところが、時が経つにつれて、ぼくの心は徐々に、前のめりになっていったのだ。区議ではなく区長選挙に——同日に予定される地方公共団体の長の方だった。

　区議補欠選挙と区長選挙が同時に行われることを知ったぼくは、強く興味を惹かれたものの、実のところ区長がこの社会でどのような役割を担い、何ができるのか、というのを全くと言っていいほど知らなかった。とはいえ、素直に政治に詳しい人に相談しようものなら、「何を言ってるんだ?」と呆れられるに違いない。

「恥ずかしくてできないや……」

こんな覚悟じゃ出てはいけない——ぼくはひとり反省した。なにしろ、自分が暮らす街の区長の名前すら知らなかったのだから……。

決まらない覚悟——出馬の葛藤

ぼくの葛藤をよそに、月日はどんどん経っていった。出馬について話したのは、同世代の友人数名。基本的に、ＹＥＳと言ってくれる前向きな友人に相談したおかげで、不安げな顔で「ねえどう思う？」と聞いても「いいじゃん」と頷いてくれた。

そう答えてくれるとわかってはいたが、背中を押してもらえるとやはりホっとする。とはいえ、それだけで決心はつくはずがなかった。

「本気で相談・決断するのは説明会が終わってからにしよう」

決断はどんどん先延ばしになった。

選挙の数ヶ月前、選挙管理委員会による、立候補者説明会が開かれる。そこでは、選挙に出るために必要なことを説明され、資料が配られる。かならずしも参加する必要がないとはいえ、世慣れていない当時のぼくはそんなことを知る由もなかった。

「田中と申します。選挙説明会の予約をしたいのですが――」

初々しさが出ていたであろうぼくのトーンに、

「区議選に立候補する予定ということでよろしいですか？」

と選挙管理委員会の事務局員が確かめるように問い返す。その言葉の響きに密度ある社会の重みを感じて、気圧されたぼくは思わず「いや、ちょっと迷っていて……」と答えていた。一度嘘をついたら、その嘘を隠すために嘘を重ね、やがて泥沼にはまり後戻りできなくなってしまうのと同じように、こうした覚悟のなさは、いつまでもつきまとってくる。ぼくはその時にはすでに「もし選挙に出るとしたら、区長選挙」というのを心に決めていたはずだった。それなのに、いざ自分をさらけ出すとなるとそれができずに、気づけば「迷っている」と答えていた。

戸籍証明を取りに、自宅近くの庁舎に足を運んだ時のこと。

「えー！　まずは区議からの方がいいんじゃないのー？」

初対面の職員は無遠慮な大声を出し、ぼくにそう言った。

「どうしてぼくのことを何も知らないのにそんな気軽に言えるのだろう……」

でも傍から冷静に見たらそう思うのは当然だよな。腹立ち半分、不思議と納得している自分がいた。友人たちはぼくをよく知っているから、

「いいじゃん」

と言ってくれるけれど、一般の人からしたら、明らかにぼくの区長選立候補は「わけがわからない」ことなのだ。そして、それはどこにいってもつきまとった。

結局、候補者説明会で用意されていたのは、「田中様　区議補欠選挙用資料」だった。逃げ出したくなる衝動を抑えてその資料を受け取ると、重い足取りで会場に入っていった。説明会が終盤に近づいたころ、傷ついた胸に追い打ちをかける出来事が起きた。

「ここまでで区議補欠選挙の方は退出してください。区長選挙に出馬予定の方には残りの説明をします」

司会者が来場者にそう促したのだ。ぼくの手元には、区議補欠選挙用の資料しかない。身の縮むおもいと必死に戦いながら、それでもなんとか残っていると、今度は、「年齢も資料も、間違えてしまった若い男の子」という好奇の視線が四方から注がれる。体の内と外に灼けるような熱を感じながら、自分がはっきりと区長選挙に出ると言わないからだ、そう自分を責めた。

「はっきり明言した方がいい。わかっている。わかっているんだけれど……」

ぼくには、この気持ちを誰かに話すことがどうしてもできなかった。

「もういっそ出ないほうが楽なのでは……」

こうした足りない覚悟に拍車をかけたのが、選挙に出るための事務手続きの知識だった。説明会に出ても、分厚い「手引き」を何時間も読み上げていただけで、結局、何が必要なのか、どう記入すればいいのか、全くといっていいほどわからない。途方にくれ、出馬すべきでない理由が次から次へと頭に浮かぶ。何度も、自分に「もうやめよう」と言い聞かせた。

果たして、区長選挙に出ていいのだろうか。後ろ指をさされて笑われないだろうか。ぼくの出馬は社会にとって意味のあるものなのだろうか――。それでも、どれだけの月日が経とうとも、選挙のことが頭から離れることはなかった。

なぜ『区長選挙』？

区長選出馬を悶々と思い悩みながら、ぼくは一方で、フリーのライターとして、目の前の仕事に全力で取り組んでいた。

「成果が出なければ、フリーランスは一瞬で仕事がなくなるよ」

そんな声や姿を何度も耳に、目にしていたからだ。世の中は相変わらず、閉塞感で溢れかえっていた。国会は「モリカケ問題」で、手一杯。社会のそこかしこで、「いつまでそんなことやっているんだ」と「大事な問題なのだ」という世論の対立が日々行われ、それを遠巻きに見ている人たちがいるという構図が続いていた。そして、それはその年に限ったことではなかった。何年経っても、社会が前進している気がしなかった。そしていつの世も代り映えのない社会の争いごとに、多くの人間は関心を失っているのが、ありありと感じられた。

「もたもたしていたら、日本は世界からどんどん遅れをとってしまう……。社会の制度が整わなければ亡くなってしまう命もある――。

気持ちは焦るばかり。

「どうして皆で足を引っ張りあっているのだろう。皆で一つに集まり、誰かや何かを批判することが目的なのだろうか」

もっと、前向きに、変化を楽しんだらいいのに……。

「だから、日本はだめなんだ」

日本を諦めて出て行く知人もいた。

文句を垂れ流すだけの人たちもいた。

「昔はよかったのに……」

「俺らの時代はな……」

そういう声を聞くたびに、「そんなこと言ったってしょうがないのに」と怒りに似た感情がこみ上げてくる。

「そんなことを聞かされても、ぼくたちは昔の時代など知らないし、いつまでも過去の栄光に浸っていても仕方ないじゃないか」

愚痴ばかり言っていても始まらない。それに早々に諦めるくらいなら、まずはなにかできることがあるはずだ。そしてふと考えが浮かんだ。

「好きなことに熱中していないから、人の批判ばかりしたくなるのではないか」

「そんなに文句を言うなら、自分でやってみたらいいじゃないか！」

それは、まさしく、自分自身に対しての言葉だった。ぼく自身、国や社会に対して、「こうしたらいいんじゃないか？」と思うことが沢山あった。実現してほしい社会も、作ってほしい法律もたくさんある。それならば自分がやればいい――。どこかで耳にした「アイディアには何の価値もない」「実現できてこそクリエイティブ」という言葉がいつまでも頭から離れなかった。

ぼくが区長にこだわった理由の一つに、地方自治への期待があった。それまでにも、他の市長が、独自の経済圏や条例をつくり、国に依存しない地方自治のカタチを示していた。新しいことを取り入れるためには、まずは「小さく始める」というのが基本である。

「ぼくたちの世代の、一人一人が、実現したい社会を社会に取り込むためには、日本全国に影響が及んでしまう国政よりも、一つの区が成功事例を作り、ロールモデルを作ることが、日本社会を変えていくために必要なのではないか」

当初は、そんな大層なことを考えてはいなかったが、区長選挙に向けて考えを煮詰めるうち、いつしかそんな考えを持ちはじめた。世の中はテクノロジーの発達もあいまって、信じられないほどのスピードで変化している。そして未来はさらに加速するに違いないのだ。「人工知能の活用」や、「ベーシックインカム制度」、「自動運転の導入」など、巷では、多くの論者たちが、導入を勧める一方で、抵抗のある人たちが多くいるが、間違いなく、こうした未来に対応しなければならないときがやってくるのだ。

近年、アメリカ・アリゾナ州で行われたように、日本でネット投票を実現する可能性は、現時点でも地方なら十分に秘めている。それなのに日本全体が変化に対応できず、沈没していく姿など見たくない。

「今すぐにとはいかないまでも、来るべき未来に対して、対応できる体制を整えておくことが必要なのではないか」

練馬区から、変えていける――心はひとりでに叫んでいた。

「エゴを大切に」

この頃から、徐々に周りの人たちにも、相談の幅を広げていった。その度に、「区議じゃなくて区長?」という反応が返ってきた。確かに区長になるには、区議から都議に、都議から国会議員に、と、地道に積み上げて、信頼を獲得し、行政を学んでいくのが「普通」だ。政治業界の「いろは」を学べ、これまでの区政の問題点を指摘できるのは間違いない。

しかし、ぼくにはどうもしっくりこなかった。

「政治家になることが目標じゃない。それに、区議になって『政治の当たり前』に染まってしまったら、身動きが出来なくなるんじゃないか。政界の掟の前に愕然としてしまい、興味関心を失い、政治に絶望してしまう」

これまでと同じ道をたどったら、同じ社会にしかならないではないか……、こうした危機感に打ち勝つには、あえてセオリーを否定しなければならない。何をしていても、区長でなければいけない理由を何度も突き詰めていた。そんなとき、ふと昔お世話になった起業家の言葉が浮かんだ。

「エゴを大切にしなさい」

様々な思考が交錯し、頭が混乱していたぼくは、一つのシンプルな思考に行き着いた。

「人の揚げ足をとり、頭ごなしに否定する今の社会が嫌で仕方ないのだ」

ネットをひらけば、いつも誰かが、お互いの知識を見せつけあい、無責任に、快楽のために人を罵っている。何かにつけては大人たちがSNSで罵倒しあっている……。スマートフォンやコミュニケーションアプリの普及によって、送ったメッセージや発した情報は、多方面に爆発的に広まっていく。現代は、そんな恐怖に満ち溢れていた。

SNSの洗礼にさらされ、大人の言論空間を見た若者たちは、表に出ることを避けはじめた。何か発言して叩かれるリスクより、小さなコミュニティで居心地の良い世界に浸っている方が、圧倒的に幸せなのだ。

「あのニュース見た？」

というぼくの問いかけは、時が経つごとに

「知らない」

で会話を終えることが増えていった。同世代でさえ、共通言語がなくなりはじめていたのだ。あらゆる方向に分断されていく現象に、未来への大きな不安を抱いていた。

ぼくが挑戦しなければ……、高まる思い

ぼくが選挙中に掲げたビジョンの一つに、〈挑戦に前向きな街づくり〉というものがあった。「このままでは挑戦する人が減ってしまう」という危機感、「誰かに否定されることなく個人の好きなことを思い切りできる環境をつくりたい」という願い……、その二つの思いを込め、作ったのがこのビジョンだ。

これまでの人生、ぼくが好きなことに挑戦できたのは、周りの人が手を差し伸べてくれたからだった。

お互いの足を引っ張り合う社会ではなく、お互いが優しく背中を押し合う社会――。こんな綺麗ごとを本気で実現するんだと大真面目に周りに語っていた。

「そのためにはまずぼくが挑戦しなければ始まらない」

区長選挙への思いは徐々に深まっていった。しかし、どんなに選挙に出たくても、まずは選挙に出るための手続きをしなければ始まらない。

そんなとき、ぼくの頭に一人の人物が思い浮かんだ。早速、約束を取り付け、相談しにいくと、快く受け入れてくれた。候補者の苦労を何より知る人から、背中を押してもらったことは大きな自信になった。

これまで一人で抱えに抱えていたものを解放したとたん、選挙戦を何度も経験している方の心強いサポートを得ることができたのだ。

こうして立候補への道は一気に加速し、言われるがままに都内を走り続けた。

しかし、その裏で乗り越えなければならない二つの大きなハードルを後回しにしていたのだった。

「挨拶周り」のハードル

選挙に立候補するうえで、最も高いと感じたハードルが、「挨拶周り」。これまで仕事でお世話になった人たちに、「選挙に出る」と告げて回ることは、ぼくにとってこれ以上ない恐怖だった。

挨拶メールの文章をつくってから、幾日が経つだろうか。送信ボタンを押すことができない。なぜ、そこまで思い詰めるのか――、ぼくは、大学を卒業してから、会社に就職することなく、自分のやりたいことを実現するために生活してきたが、仕事はほとんどなく、食べていけない日々が続いていた。そんな状況の中、徐々に手を差し伸べてくれる恩人が現れ始めた。そうした期待をして仕事をくれた人たちへの背徳行為だと思ったのだ。

「ジャーナリストとしてやっていきたい」というぼくの言葉を信じてくれた人たちに、どう連絡し、どういう顔で会いにいけばいいのか……。考えれば考えるほど答えは遠のいていく。

「ごめんなさい、ごめんなさい」

スマホを握りしめて強く目を閉じ、それでも意を決して送信を押した。

様々な返事があったが、概ね優しい答えが返ってきたことに安堵した。

「びっくりしたよ。わかった。応援する。とりあえず近日中に会おうか」

声音は驚きながらも、優しさを含んでいた。

せめて本当の気持ちを伝えよう……。会うなり、ぼくは話を始めた。

ところが、その方はぼくを制してこういった。

「俺にはもうその理由は話さなくていいから。俺はお前の人生を応援するよ。いつでもウェルカムだ。何をしたっていい。そういう面白い生き方をしている人たちに触れるのが幸せだ」

気がつけば、ぼくは選挙に出る「言い訳」を並べていた。しかし、その方の言葉によって、「やってやるんだ」という強い意志が芽生え始めた。

本音を言えばきっと、よく思わない点もあったに違いない。それを抑えて、全面的な応援を申し出てくれたのだ。

一方で、「お前は行政の何を知っているんだ」と厳しいお叱りを受けることもあった。ぼくには何も言い返すことはできなかった。「もうお前には会いたくない」というような、メールが返ってくることもあった。それでも、「いつでも戻っておいで」という言葉、「恥ずかしいことじゃないよ」というエール。本当に好きな人たちに思いを告げるのは、やはり心苦しいものだったが、理解者は必ずいた。帰り道、小躍りしながら、帰ったのを覚えている。

25歳の発想など馬鹿げたものだ。しかし、必ずやり遂げられるという確信があった。

昔泊まった外国のホステルにあった言葉を思い出す。

〈I am lazy. But It's the lazy people who invented the wheel and the bycycle because they didn't like walking or carry things.〉

（ぼくは怠惰だ。しかし、怠惰な人間が車輪や自転車を発明した。なぜなら彼らは歩くこと、もしくは物を運ぶことが嫌いだったからだ）

全ての馬鹿げたアイディアが、世界をつくってきたのだ。そして、それは個人的な感情によって動いていた。

「全ては自分の責任、やらない後悔よりやった後悔」

一度決めたら、もう引くことはない。さんざん「無鉄砲」と言われたが、臆病者ゆえ、何度も反芻し、多くの人の力を借り、毎日思考して決めたこと。

「もうあとはない。死ぬ気でやるしかない。たくさんの痛みを伴うことはわかっている。しかし、それに値するだけの価値はある」

沸騰しかける血を落ち着けるように、友人はこう言った。

「準備万端でも、当日、出馬するのをやめてもいいからな。お前の人生なんだから」

この一言が、ぼくの心のセーフティーネットになった。

選挙費用は覚悟の証

もう一つの大きなハードル。それは、親への通告とお願いだった。一般に選挙に必要なものは3つあると言われる。それは「地盤」、「看板」、そして「カバン」。どれもないに等しいものの、なんといっても一番足りないのは、カバンだった。挨拶回り中、選挙のお金について厳しく、説得力のある言葉をかけられた。

「勝ちに行くつもりがないならお金はかからないよ。でも、本当に勝つ気でやるなら最低500万円は必要――」

選挙について調べるほどに気付き始めていた現実。それをまさに喉元に突き付けられたかたちだった。

「で、いくら今あるの？　今の時点で現金が200万円はないと厳しいよ」

「300万円あります」

それは事実ではなかった。覚悟を示すため、持っている資金以上のことを言わなければ、相手にすらしてもらえない。それこそ、「こいつは思いつきとノリで出たんだな。応援にも値しない」と思われてしまうと考えた。

そんな危惧が、思わずぼくの口を滑らせた。

選挙の提出書類のサポート係と話し合った。

「等身大こそお前らしさだ。選挙カーはいらないだろう。メガホンはどうする？」

「なんとかします」

そんなやりとりが毎日のように続く。話し合いの結果、選挙の費用は、300万円でいけるということになった。区長選挙には供託金というエントリー費が100万円。その他にポスターや名刺のデザイン・印刷にお金がかかる。法定ビラは、選挙のルールで1万5000枚までと決められており、ポスターと名刺、ビラで約80万円。他にも、ポスター用の写真撮影費、名前の書かれたタスキ費などを算出した結果だ。

ぼくは、必死に300万円を用意することにした。当時は、決してお金に余裕のある生活ではなかった。食いつなぐために、やりたかったライターの仕事だけでなく、アルバイトをしたり、持っていたカメラや大量の本など、お金になるものは全て売り払ったが、どう頑張っても、200万円が限界だった。勝ちたい気持ちは誰よりもあるつもりだったが、資金には限りがあった。自分にとって最適な解は何なのか……、知り合いの経営者の顔が浮かぶ。しかし、ぼくは頭から振り払った。

「まずは親に借りて、それでも必要であれば友人を頼るのが筋だろう――」

ところが、選挙の準備が着々と進むこの時にも、まだぼくは両親に「出馬」のことを話していなかったのだ。

両親との邂逅

ようやく母に連絡したのは、選挙に出ると決めてから数週間後のことだった。

〈政治の道に進みたいと思っている。明日、夜ご飯のときに話す〉

ＬＩＮＥでそう伝えた。迎えた当日、ぼくはなかなか話を切り出すことができなかった。卓上に並ぶ料理の景気の良い香煙とは裏腹に流れる不穏な空気に、いまにも押しつぶされそうだった。それでも、「もうどうにでもなれ」と、ついに話を切り出した。

「区長選挙に出ることにした」

まるで時が止まったかのように、両親は「絶句」した。数秒間の空白――。忙しく動いていた箸は一斉に動きを止め、誰もが眼前の料理を忘れていた。

順を追って話していくうち、両親はなぜ息子がその選択をしたのか理解しているように見えた。しかし、すぐにそれは希望的観測だった。

「もう決めているんでしょ？　で、いくら必要なんだ？」

口を開いた両親から出た言葉。その表情に宿ったのは諦めに近い光りだった。いつもそうだった。大学を休学するときも、就職しないと決めたときも……。いつだって両親には事後報告だった。そうしていつも、両親はぼくの決断を認めてくれた。いや、認めざるを得ない状況を押し付けていた。それにも関わらず、両親はいつも最後にはぼくを応援してくれた。このときも、父の一言が、肩の力を楽にしてくれたのを、はっきりと覚えている。

「俺は選挙に出ることは恥ずかしいことじゃないと思っている」

料理をつつき「ひっそりと生きさせて」と口に放りこむ母。「おもしろい」と頷く父――。

「自分の人生だからね。あなたが自分で考えて、自分で判断してやってくれればそれでいいよ」

大きな心でチャレンジすることへの理解を示してくれたふたりにとても感謝した夜になった。あとで打ち明け話の予想を聞くと、

「最初ＬＩＮＥがきたときは、区議に出るのかなと思った。でも区議に興味あるようには見えないし」

「お金が必要になったのかな」

ふたりの予想は見事にあたっていた。はにかんで謝意を口にすると、脳裏に過去の映像が浮かんだ。両親には昔から迷惑をかけてきた。ずっと続けた野球は、結果が出ない日の連続で、結局レギュラーをつかむこともできなかった。そんな息子を不甲斐ないと責めることもせずに、ただあたたかく、見守ってくれた青春時代。高校を卒業すると同時に、家族に支えられているというのを強く実感した。しかし、親元から離れ、大人になるにつれ、やがてその感覚を忘れていたことに気がついた。でもやはり、ここまで育って好きなことで生きていられるのは、紛れもなく親のおかげ。

学生時代、友人と将来について話すと、「奨学金を返すからまずは社会人にならないと」と言う人が多くいた。ぼくにはそうした制約がなく、そしてそれは当たり前だと思っていた。

「政治の前に、まず、日常で当たり前のことを当たり前だと思わず大切にしなければ」

今回の葛藤を通じて、そう強く思い直したのだった。

親には結局、100万円を貸してもらえることになった。

「いま、ぼくにできる親への恩返しは、目の前のことに精一杯取り組み、誰かの役に立てる人間になることだ」と決意を新たにした。

集いはじめる仲間たち

「政策はできたか」「後援会はつくったか」「ポスター用の写真は撮ったか」

毎日のようにメッセンジャーでのやりとりが続く。膨大な手続きをすすめながら、不安で眠れない夜が続いた。そんな中で、毎日、一緒に付き合ってくれた仲間たちがいた。選挙中も、感謝しきれないほど、力になってくれた。そのうちの一人が、大学時代のアルバイト先、大手予備校『東進ハイスクール』で上司だった笹島達也さんだった。

「笹島さん、今度選挙に出るのでよろしくお願いします！」

何がよろしくお願いしますかわからない挨拶にも、笑顔でとても前向きな反応を示し、協力を申し出てくれた。

「よし、じゃあ毎日ミーティングをしよう」と、定例ミーティングが日課になった。

ぼくにとって気心が知れた人と話すことは、不安を和らげてくれるとてもいい時間で、なによりの薬だった。

予備校で働いた当時、アルバイト一丸で一つの目標に向かい、みんなで知恵を出し合って、高校生と真剣に向き合っていた。学力を伸ばすだけでなく、人としての生き方を考えてもらうワークショップなどもやった。

当時から、とにかく明るくて人想いな笹島さんに惹かれていたぼくには、久しぶりに胸が熱くなる毎日になった。

来る日も来る日も、戦略を考えてはすぐに実行、その場で関係各所に連絡していった。一方で古巣の東進ハイスクールでつながっていた人たちの協力を取り付けた。その力は圧倒的だった。地元に密着していた校舎だからこそ、何年にもわたる卒業生やスタッフがチェーンのようにつながっていった。このメンバーたちが、選挙中、最強のボランティア部隊になっていったのだった。

政策作りに携わってくれたのが、選対本部の一員になる長峰蒼だった。当初は一人で、悶々と考えていたが、そもそも政策作りなどやったこともない。そんな生みの苦しみを彼女は選挙前から手探りの状態で一緒に歩んでくれた。

もう1人、欠かせない存在だったのが、中村麻利奈。彼女とは、学生のときに働いていたNGOで出会ってからの長い付き合いだった。二つ返事で「いいよー」と答えてくれ、選挙前から終わるまでほぼフルタイムで時間をとってくれた。

この二人がいなければ、選挙をやりきることはできなかった。

見返りを求めず、勇気を持って肩を貸してくれる仲間の存在は、何に挑戦するにも大事なことだと、日が経つにつれて確信するようになっていった。

選対メンバー決定！　集結、5人の侍

選挙戦を闘い切るには選対メンバーが必要だ。ぼくが、心から信頼でき、かつ優秀な人間が周りにたくさんいた。なにもかもが拙い中で、唯一それだけは、ぼくにとって誇れるものだった。

選挙戦は1週間だが、事前準備も含め、メンバーは柔軟に動けなければいけない。

ぼくの同世代は、新卒3年目の年。ようやく会社で成果を発揮できるころ。後輩たちは、会社に入ってようやく新しいことを覚えるころで、どちらも両立は厳しい状況だった。まわりは当然のように、会社に勤めている人が多く、「この人は絶対に中心に入れたい」という友人もいたが、やはりどうしても無理だった。仲間集めは困難を極めた。そんな中なんとか、ぼくの性格をよく知り、理解のある優秀な5人が集まってくれた。このメンバーを中心に、チームをつくっていった。

もちろん、全員が毎日、全ての時間を割ける状態ではなかったが、「それでも頼む」と頭を下げた。こうしてぼくは5人のメンバーに、全てをさらけだしていった。

他にも、紹介しきれない仲間が本当に多くいる。掲示するためのポスターの責任者が必要になったとき、どんな責任があるかはっきりとわからないのに、二つ返事で「いいですよ」と引き受けてくれた後輩の井上翔太。普段勤務している会社との兼ね合いで選挙の手伝いに来れたのが数時間だったのを悔やみ、「もっと手伝いたかったのに……」と涙するほど熱い男だ。

事務作業が迅速に進んでいったのは、こうした仲間がいたからだ。他にも、訪問すべき場所を調べてくれたり、挑戦の後押しをして、人生設計の相談にのってくれた友人たち。毎日のようにビラを配りにきてくれた東進ハイスクールの後輩たち……。

「お前が言うんだったらやるよ」

何の根拠もない、実績もない、そんな人間に二つ返事で答えてくれた友人たち。

ところが、その裏では、多くの大人に

「ぜひ応援に来てほしい」

というお願いを断られていた。

「忙しい」「政治とは関われない」「距離を置いている――」

政治との関わりをタブーとしていたり、人間関係の事情だったり……、大人を動かすのは簡単ではないんだというのを改めて感じた瞬間でもあった。

もちろん、芳しくない反応や、無視されることもたくさんあった。味方はそう簡単に見つかるわけではない、そう感じていたからこそ、ＳＮＳで出馬を発信したとき、

「応援する！手伝うよ！」

という、メッセージやコメントは、飛び跳ねるぐらいうれしいものだった。

候補者狂騒曲

選挙の数週間前、まだ現職の区長しか出馬表明をしていない頃、ぼくはある市民団体に連絡した。その団体が、野党側の候補者の選定をしていると耳にして、団体の事務局長に会いにいった。

その日のミーティングの議題は、候補者が全く見つからないという問題だった。ミーティングが終わったあと、事務局長に手招きされ「メールの最後に、なんか書いてあったけど、どうゆうこと?」と聞かれた。「選挙に出ることを考えています」と伝えると、驚いた表情で、「今日は遅いからちょっとまた仕切り直して話そうか」と話して、その日は別れた。

後日、会うことになった。

ぼくは純粋に、対抗馬がいない、そして現区長が嫌だと言っているのであれば、政党は関係なく、応援してほしいと伝えた。しかし、その会合はなんら意味をなすものではなかった。

「もうぼくたちに何も権限はないから……。それはそうと田中くん。人生、時にはブレーキをかけたほうがいいよ」

その瞬間、ぷつんと頭の中で糸が切れた。

「党とは一切関わらず、やりきってやる」と踏ん切りをつけることができた。

結局、現在の区長は、自民党、公明党、民進党が推薦し、共産党が一人候補者を立てることになった。わかってはいたことだが、ぼくは完全な無所属――、何の後ろ盾のないまま、闘う決意をしたのだった。

家を事務所にする！

問題は次から次へと出てきた。まず、難航したのが、事務所決めだった。

「小さくても絶対あったほうがいい」

各方面からそんなアドバイスをもらい、物件探しに奔走した。しかしネットで「選

挙　事務所」と検索しても、一向にピンとくる検索結果は出てこなかった。

もう時間がない。事務所の物件探しは大事なことではあったが、目的はあくまで当選すること。

切羽詰まった状態で出した答えは、

「家を作業場所にする！」

親に許可を得て、ようやく事務所問題は落ち着くことになった。が、まだまだ課題は山積していた。このドタバタは告示日の前まで続いたが、やはり最も不安と緊張をはらみ、決断に時間を要したのは、人の目に触れる「政策」だった。

「政策」作り

よくニュースで耳にする「政策」。

「ポピュリズムで人を選ぶのではなく政策で決めるべきだ！」

「政策論争をするべきだ！」

政治を取り巻く環境でよく耳にする言葉だ。ぼく自身、これまでなんとなくその「政策」と言われるものを目にしてきたが、いざ自分でつくるとなると、どのように作ればいいのかわからないのだ。どうしようもなくなったぼくは、改めて自分が何をしたいのか、文章に書いてみることにした。のちに、その一部を選挙のビラに転載することになった。

〈これからの時代、社会の変化は一気にやってきます。過去10年間で、携帯の形も変わりました。変化に適応できない人間は淘汰されていきます。変化に適応するために必要なのは、失敗を恐れず挑戦していく、そしてその挑戦を応援していくことです。開かれた政治によって、時代の変化に敏感な自治体をつくりたい。皆がこの社会の当事者になるようにしたい。これがぼくが政治を志す一番の理由です〉

もちろん、これだけでは「政策」にならない。再度頭をひねって、思い浮かんだのは「待機児童をなくす」、「高齢者に優しい福祉の街をつくる」など。でもこれらはどの候補者も掲げそうな一般的な政策だった。

迷走し始めたぼくは、徹底的に先人たちの知恵を借りることにした。現練馬区長のプレゼン資料を丹念に読み込み、全練馬区議会議員のホームページを調べ上げ、都議会、国会議員、思いつく限りの議員さんの政策を見て、自分なりに落とし込めそうなものを、ピックアップしていった。政策作りに関して、知人の政治家に相談した際、

「政策はほとんどが皆、同じ。自分のやりたいことは、その政策にプラス1つか2つくらいしかないよ」

とアドバイスされたからだ。

ホームページが5年前から化石となっていたり、20世紀のデザイン、はたまたホームページすらない人が大勢いる一方で、先人たちの政策、とくに練馬区長の政策に触れ愕然とした。

「とても同じ土俵では戦えない……」

素人でもそう思うほど、現実味のある骨太の政策だった。エビデンスに基づいた政策、申し分のない実績の数々……、読み終えて、敵ながら思わず畏敬の念を感じずにはいられなかった。

例えば、先ほど述べた「待機児童問題」に関して、練馬区では先進的な「幼保一元化」

というモデルを実行し、待機児童を減らしている。もちろん、認可保育所の整備など、他の解決方法を求める声もあるが、結果を出していることに変わりはない。

こうして、得意なインターネットの検索がアダとなり、調べれば調べるほど勝ち目のない実力差を思い知らされることになった。ぼくはいまにも沈みそうな決意の船の中で、わらにもすがる思いで自分の武器を数えた。そしてこう思った。

「もっともらしいことを書くのはやめよう。意見には必ず賛否両論あるのだ。自分が大切にしたいことを書こう。ぼくは他の人の真似をするために選挙に出るわけじゃないんだ」

個々の具体的な政策よりも、区民が来たる未来に対し、暗澹たる気持ちで迎えるのではなく、今、目の前のことを頑張ろうと思ってほしい。この気持ちはどの候補者にも負けないはずだ――。

そのために最も必要なのは、「明確なビジョンを打ち出すこと」だった。

気がつけば、「世界を変えたい」と本気で願った同世代の仲間たちは、どんどん社会の歯車になっていった。それもまた人生、個人の幸せのかたちは変わっていく。しかし、それでもぼくには、歳をとるにつれて己の限界を知り、また将来への不安などから「不本意な諦め」の道を歩んでいる人が実は多いと思っている。

「まだこいつ、世界を変えたいとか言っているのかよ」

「田中とかいかにもそういうこと言いそうだよね」

影でそう言われることもあった。

けれど、そうした声も気にならなくなった。

不安を打ち抜くような、明確なビジョンによって、「自分にだってできるんだ」という希望をもってもらうことこそが、今の社会に重要だと確信していた。

こうしてぼくのスローガンは決まった。


〈好きが結集した彩りのある練馬に〉


「好きこそ物の上手なれ」という言葉があるように、「好き」なことに取り組めば、その力は、間違いなく社会を前進させる活力になる。

そして、それは若い世代だけが好きなことに取り組めるような環境を整えたいという意味ではない。

〈ぼくは「若者代表」ではありません。若い人の中には多くの人材がいます。そして若い力だけで社会は良くなりません。あらゆる世代、いろんな背景を持った人の「好き」を結集して社会に反映させていきたいと思います。過去よりも未来をどう創っていくか。ぼくは本気です。〉（ブログより）

出馬を決めてからというもの、沢山の方々に、「高齢者に向けた政策を」「高齢者の票をとれ」と言われた。それを聞くたびに、いったい高齢者政策ってなんなんだろうか……、と考えていた。

ぼくは、「高齢者対策」という言葉が好きではなかった。対策されるような扱いではなく、必要とされる存在なのだ。つまり居場所や役割を作りたかった。だから、自分が若者だからと殊更に「若者に優しい街」とか「若者のロールモデルに」というメッセージを発することはなかった。むしろ、

「高齢者と若者、世代間に対立をつくりたくない。お互いの役割を尊重したい」と考えていた。また、高齢者にも好きなことや新しいことに挑戦してほしい、と願っていた。役割を持つことこそ、生きる活力につながるし、何歳になっても今の瞬間が楽しいと思える、右肩上がりの社会システムを構築できないかと考えていた。そうすれば、

認知症予防など健康面にも良い影響をもたらすことができるし、どの世代とも、相互に助け合える。

よく世間では、「高齢者が今の社会を作ったんだから、逃げ切ることばかり考えていないで責任取れよ」という若者や中年の声を聞くが、ぼくは、そうは思わない。かといって高齢者の気持ちに簡単に寄り添えるとは思わない。また、高齢者と一括りにするのも違う。だからこそ耳を傾けていく場所をつくる必要があるし、高齢者の当事者が自分たちで問題を解決できるような仕組みをつくっていきたかった。全て行政に頼るという仕組みはそろそろ考え直すべきなのだ。

決定するビジョン「人と動物に優しいまちづくり」を

交通事故を減らすための「自動運転」、過酷な労働を避けるための「ロボット導入」などの次世代型政策も掲げたが、ぼくがどうしても入れたいと言い張ったこだわりの政策が「人と動物に優しいまちづくり」だった。

区長選への挑戦を最後に後押ししてくれたのが動物の存在だった。ぼくの実家では犬と猫を飼っていることもあり、動物殺処分問題に関心をもっていたため、記者として女優・浅田美代子さんや杉本彩さんなど、問題解決に取り組む方に取材をしていた。いまも5年に1度見直すよう付則で定められている動物愛護法に照準を定め「繁殖業者のペット大量生産を阻止する動物愛護法改正」を訴える活動を多くの方々が続けている。

現在、先進国の多くがペットショップでの直販を許していない。その一方で、日本では毎年、80万匹前後の犬猫が売買され、その過程で多くの不慮の事故による犠牲が出ている。繁殖業者たちは、選りすぐりの子猫、子犬を求めるため、それ以外の「不良在庫」たちは、ぼろ布のように処分されるという。

当初、政策に入れたいと周りにいったら、

「所詮、獣だ」

「政策に入れるほどのものではない」

と口々に言われたが正直ショックだった。それでも、ぼくは周囲の反対を押し切ってこのビジョンを盛り込んだ。どうしても地方自治の条例を作りたかったのだ。

「自分のペットは、偶然、うちで幸せに暮らしているけれど、なかったことにされてしまう命を見過ごせない」

我が家の2匹を見るたびに、胸がずきずきと痛み、いてもたってもいられなくなっていた。


ただ根っこにあるビジョンだけでは政策にならない。練馬区の課題、具体的な政策を徹底的に調べ、識者にヒアリングし、自分なりに20個に落とし込んだが、一見順調に見えた歩みも、次第に、

「本当にこんなのでいいのだろうか。やっつけじゃないか」

という迷いに足を取られだした。

「つくった政策を本当にお前は解決できるんだな?」

自分に問いかけても、決してYESと言い切ることはできなかった。なにしろぼくは、問題に精通もしていなければ、現場に足を運んだこともほとんどなかった。それぞれ問題の現場がどれだけ大変な思いをしているか、自分の目で見たわけでもないの

に、ネット上の知識をひけらかすのは何か違う気がした。結局、政策は自分が思い入れのあるものを中心につくり、政策や課題についてもっともらしく明言するのは最後まで避けた。果たして、この方法が正しかったのかは今でもわからないが、周りの人に——何より自分に嘘はつけなかったのだ。

自分でもビジョンだけ描かれたビラを見て、「ふわっとしすぎ……」と思ったが、もう前に進むしかなかった。

政策発表のあと、掲載された新聞を見たひとりの友人の母親に、
「あなたのことを子どもに聞く前から、新聞を見て動物のことを守ってくれるからと、投票しようと思っていた」
と人づてで聞いた。少しずつ、確かな手ごたえが宿り始めた。

2章　ぼくが政治家を目指すまで

平成4年10月、政界とのつながりはない、練馬区のごく普通の家庭に生まれた。

父の影響で野球を始めたぼくの卒業文集に乗せた夢は、もちろん「プロ野球選手」。入学した中学に野球部はなかったため、学校では陸上部、地元のシニアリーグで野球を続けた。そして、ぼくの自信は見事に打ち砕かれることになる。

「東練馬」という入ったシニアチームは、小学校時代はエースで4番――そんな各チームの野球エリートが集まる集団だった。現在、日本ハムファイターズで活躍する杉谷拳士さんもこのシニアに所属していて、一目彼を見て、「これはとんでもないところに入ってしまった」と愕然とした記憶がある。

それに輪をかけるように、一つ下の代に、のちに甲子園を沸かせた怪物が入ってきた。体格からプレーの質まで、もう何もかも次元が違う……、小学校時代から無邪気に信じてきた「プロ野球選手」の夢は無残に散った。

ぼくたちの代のチームは全国4位の成績を残したが、ぼく自身は目立った活躍もすることなく、最後までレギュラー選手のサポート係だった。それでも野球自体を嫌いにはならなかった。

高校は千葉ロッテマリーンズの井口監督などの出身校で、甲子園にも三度出場する國學院久我山高校で野球を続けた。中学時代と打って変わり、トレーニングに励む毎日……。青春時代の全てを捧げ白球を追ったが、部内のぼくの役割は中学時代と何ら変わることとなかった。結局一度もレギュラーになれることなく、ぼくの高校生活は幕を閉じた。その後、一年下の後輩達が甲子園出場の夢を叶えてくれた。

小・中・高と自分のすべてを捧げた野球は、ぼくにたくさんのことを教えてくれた。たとえば、〈適材適所〉の大切さ。誰でも人が自分自身の能力を活かせる場所があるということ――

控えだったぼくにもそう思わせてくれた監督、コーチがいた。

高校3年生の最後の夏、メンバーから外れたぼくたちを集め、「小さな頃からこれまで必死で野球を頑張ってきたんだから、最後までくさらず頑張ろうぜ」と言ってくれた。レギュラーメンバーは、スポーツの世界では優遇される中、控えメンバーの存在価値を認めてくれたことに、少なくともぼくはそのコーチの言葉に胸が熱くなったのを覚えている。

3・11　東日本大震災

大学に入学する少し前、東日本大震災が起き、大学の入学式は中止になった。練馬の実家で、テレビから流れる悲惨な状況を見守りながら、何もできないもどかしさに身悶えしていると、通っていた塾のスタッフから一本の連絡が入った。

「一緒にボランティアに行かないか……」

ぼくたちは車で一路石巻に向かい、毎日、泥だらけになって無心でヘドロで埋まった家宅をスコップで掘り起こした。倒壊した家の住人が手を差し出し、

「本当にありがとうございます」

と、ぼくの泥まみれの手を取った。赤く充血した目に一杯の涙が溢れている。これまで野球しかしてこなかったぼくの大きな転機だったと思う。それまでの人生でただの一度も、「自分が社会の役に立った」と思うことはなかった。ここに来たのも、「誰かを助けたい」というよりは、「ただ先輩に誘われたから」というのが動機だった。そ

れなのに、そんな自分なのに、いま目の前の方から受けているのは確実な感謝のしるし……。誰かのためにではなく、自分のために始めたことが、結果的にその人のためになっていた。

はっとした。

「こんな自分でも少しは社会の役に立てるんじゃないか。自分の好きなことをやっていたら、きっと誰かに喜んでもらえることもあるんじゃないか」

社会のために、誰かのために役に立つという経験が、こんなに嬉しいことなのかと知った。いままで同世代としか交わりのなかったぼくが、初めて社会と接した瞬間だった。

振り返ればこれまでの人生は、誰かを支える側だった。日の当たらないところで生きていることに慣れきっていた。

被災地に足を運んだことで、苦しい状況にいる人、立場が弱く声を上げられない人たちの声を拾いたい。そうした気持ちが徐々にメディアやジャーナリズムへの関心につながっていった。

カンボジアにて

大学生になったぼくは、はじめの2年こそ軟式野球部に所属したものの、早く新しい世界に飛び込みたいという欲望を抑えられず、イギリス留学やカンボジアのボランティアに赴いた。

小学生のとき社会科の資料集で見た、アフリカの貧困を切り取った写真「ハゲワシと少女」、NHKの映像で目にした「地雷原を救う日本人」——、脳裏に強烈に焼き付いたそれらは熟成され、ぼくはいつか英語を話せるようになって途上国で仕事をしたいと思っていた。その氷山の下に隠された思いが、野球から離れ自分の時間がもてるようになったことで解放された。

最初の滞在はごく短いものだったが、途上国の迫力がぼくの心を魅了するには十分すぎる時間だった。社会問題を扱うNGOでインターン生として受け入れてもらえることになり、大学をトータル2年、休学して、自分の好きな活動に打ち込んだ。こうして始まった途上国での経験が、また一つ大きな人生の転機となった。

それは、「かわいそうな人たちを支援する」という上から目線の支援ではなく、対等な立場で社会をつくっていくべきだと強く実感したことだった。カンボジアにはお金持ちも、優秀な人もたくさんいた。もちろん、生活を苦にする人たちも間違いなく存在する。この格差をなんとかできないのか。この国で、ぼくは何ができるのか、徹底的に突きつけられる経験の連続だった。

「カンボジア人が、カンボジア人のために頑張っている。それでいいじゃないか。大学を休学までして、いったいここに何をしにきたのだろうか……」

そんな葛藤を繰り返していた。スキルも経験もないひとりの学生に居場所はなかった。ある時、目の前で、小学生くらいの小さな女の子が亡くなった。立ち会った葬いの席で、

「自分に果たして何ができたのだろう。もし医者だったら命を救えたのか」

と自問した。でもぼくは医者になることはできない。人には向き不向きがある。苦手なことを克服するより、得意なことを伸ばした方がいい、と考えたぼくは、現場に出て動き回って自分なりの視点で伝えたい……、そう思うようになった。

残酷だった世界

カンボジアから帰る前、約20カ国を周った。アメリカ大陸、南米大陸、ヨーロッパ大陸。アウシュビッツ強制収容所など歴史的遺産を中心にカメラに納めた。しかしそこでも、ぼくはただの観光客でしかなかった。もっと真実を知りたいし、真実がないということも知りたかった。

インドに行ったときのこと。狭い路地裏の一室に、売春婦たちの子供50人ほどがすし詰めに集まって遊んでいた。ＮＧＯのスタッフに聞くと、「父親はもちろんいない。不特定多数のお客さんの誰か」とのことだった。生まれながらに背負う片親の運命に、言葉が出なかった。一番の被害者である子供たちの存在に気付いた瞬間、心の中で「ごめんね」とうめくようにつぶやくのがやっとだった。彼らの存在は、社会から1人の人間として認識されていないのは明らかだった。この先どんなに努力しても、這い上がれない世界なのだろうか。

残酷な世界の現実を垣間見て暗澹たる気持ちでいたとき、あるフォトジャーナリストの講演を聞いた。

「ぼくたちの世界は役割分担でできているのだ」

その話にはっとした。「この世界を変えたい」とひとり意気込んでいた自分が、急に小さく思えた。1人で全ての物事を行う必要などない。自分ができることを精一杯やったらいい。背中を押してもらった感覚だった。

「なにも『国際協力』や『NGO』だけが、社会をよくしているわけではない。どんな仕事でも、社会の役に立つことができるのだ」

と思うようになった。大企業で働く人、ベンチャー企業で働く人、行政で働く人、NGOで働く人。みんな誰かの役に立つために仕事をしていた。

帰国後すぐ、本格的に、前々から興味のあったジャーナリストの道に本格的に進みたいと、書籍や映像を読み漁り、その志は日々強固なものになっていた。

2012年、シリア内戦取材中、凶弾に倒れたジャーナリスト山本美香さんの書籍や映像には強く心が揺さぶられた。

人生をかけて、戦争や貧困で苦しむ人たちを救いたい。

そう決意を新たに、見よう見まねで取材活動を始めた。

といっても、どこかの媒体で発表できるほど、実績も能力も人脈も、それに今思えば覚悟もなかった。

政治にコミットする

小さいころから政治への関心があったわけではない。就職活動中、マスコミでインターンをしていたときのこと。国会の中を案内され、田中角栄氏など歴代総裁の署名資料を見ていたとき、同行した女の子は「わーすごいー！　角栄さんだー！」と興奮しきりだったが、ぼくは、ピンとこなかった。そんな自分がよもや選挙に出ることになろうとは…。

ぼくが初めて政治に触れたのは、２０１４年11月に行われた沖縄県知事選挙だった。友人と２人、カメラを携え、各候補者をまわって沖縄の問題点を調査、生中継をしていた。近年、沖縄は、基地、経済問題が複雑化の一途をたどっている。全国的にも注目の選挙とあって、沖縄全土がさながらお祭りの様相だった。市民たちはとても楽しげに選挙の行方を話し合っていた。「政治とは何か」なんて、そのときのぼくにはわからなかったが、皆が楽しく社会について考える延長線上にあるものという印象が強く残った。

政治の世界に足を踏み入れた今こそ、政治、選挙にまつわる強いしがらみ、人間関係の複雑さもわかるが、当時のぼくはもっと純粋に――、まるで自分も沖縄県知事選挙の一部であるかのような祭りの浮遊感に酔いしれていた。

沖縄での体験は、政治の簡単な仕組みや社会の現状を知るきっかけにはなった。しかし、結局、東京に帰ると、すっかり日常に戻っていた。

動き出した心がまた日常に埋没しようとする――そんなとき、大好きなカンボジアから一通の報せが届いた。

「国がなくなってしまうよ……」

それはカンボジアの友人からの救難信号だった。

話を聞いてみると、

「現首相・フン・セン氏の独裁化が進み、一部市民の生活が脅かされている」

と言う。当時、カンボジアのフン・セン首相は、30年を超える長期政権を築いていた。

きちんと自分の目で見たい……。いきおい、心はふたたびカンボジアの大地を踏みしめていた。

続・カンボジアにて

久しぶりのカンボジアに浸りながら、首都・プノンペンの街をひたすら回った。

以前住んでいたときは、「貧しい家庭のカンボジア人だって、お金がなくたって家族と幸せに生きているのだからそれもまた一つの生き方では」と感じていた。

しかし、それは間違いだということに気づいた。

あるデモ現場で聞いた話だ。

「この国には政治だけが希望です。いや、政治にしがみつくしか道がないんです。全ては政治によって決まります」

「フン・セン首相に言うしか、ぼくたちの生活は変わらないんだよ……」

希望を失った人たちの唯一の救いの道は、全て首相や政治にあった。

国際ＮＧＯや報道機関までをも、政治の力で牛耳っていく。これまで続けてきた活動が、政府の一声で全てゼロになる可能性があるという。

「政治が介入すれば、何をしてもいいのか」

強い憤りを感じる反面、ぼくは社会を良くするヒントをもらった気がした。

「政治で社会は変えられるかもしれない」

国際貢献を考える

ある会合で若者の政治参加について、こう発言している人がいた。

「社会貢献と政治がつながっていないのでは？」

ぼくたちの世代はＮＧＯ活動などに参加する人が多いけれども、政治に関心のある人はいない。

ぼくはそれまで、「社会貢献＝ユニセフ、国連、ＮＧＯ」と思うこともあったが、社会に貢献するというのは、どの業界でも団体にいても同じこと。

ボランティア団体などは、社会意識が強い人たちが集まることで、その意識はより強いものになりがちだ。ときには思い余って、

「なんで皆、もっと社会のことを考えないの？」

と、自分たちの思いを押し付けようとする。

一方でビジネス側の人たちは、「社会を大きく変えるにはお金を稼ぐのが優先だ」と考える傾向があった。

ぼくが考えていたのは、どうにかしてその境目や分断をなくして、

「お金は悪だ」

「社会貢献は欺瞞だ」

という、お互いの足を引っ張り合い、傷つけ合いを止められはしないだろうかということだった。

しかし、ここで問題なのは、「政治は蚊帳の外」だということだった。ビジネスマンの多くが政治との関わりを避け、諦めに近い感情をもっていた。

「自分で変えた方が早い」

という。

政治コミュニティだと多くのステークホルダーがおり、さらには、本質に迫った議論にたどり着くまでに時間がかかる、というのがその大きな理由だ。

また、若くして政治業界にいる人たち周辺に、

「政治をやっている人は偉い」

「政治を語っている自分ってかっこいい」

という人が多いという。かくいうぼくも、政治は知識のない自分には入ってはいけない領域と感じていた。

「就職せずに絶対結果を出してやる」

卒業するとすぐ、フリーのライターになった。

「昔から文章を書くのが好きで」とか、芯のある理由があったわけではなく、単純に「就職活動がうまくいかなかったから」だった。

多くの人に影響を与えるマスコミで社会を動かしたいという一心で、テレビ局と新聞社を受けたが、うまく行かず、当時は落ち込んだが、大学を卒業するときには、もう心に迷いはなかった。それどころか、人と違うキャリアを歩み始めることに、胸は高鳴っていた。

きっと人生を楽しめる——、そんな期待と自信に溢れていた。

しかし、しばらくすると、急に不安が影のように迫り始める。周りの友人たちは知名度のある会社に入社し、毎日のように同期との写真をＳＮＳにアップしていた。新しい環境で、新しいチャレンジをしている様子を、仕事のない自分は毎日、眺めている……。

頼る相手もいない、誰かが仕事のやり方を教えてくれるわけでもない、お金だけがただ消えていく。たった1人で、人生をどうするのか、ひたすら悶々と考え続ける日々……。肩書きや部署もなく、何度、会社に入りたいと願ったかわからない。

もっとも、フリーランスとしてやっていくだけなら、今の時代、自分の時間を切り売りすれば、クラウドソーシングなど誰でもできる。実際、お金がなくなり、クラウドソーシングに手を伸ばそうかという誘惑が何度もあったが、そのたびに「それじゃダメだ。自分のやりたいことを歯を食いしばってやっていかなければフリーの意味がない」

と自分に言い聞かせた。

もし目の前の日銭を稼ぐために仕事をするのであれば、会社に入って、仕事をしたほうが、世の中のためにも、自分の為にもなる。一般にメディアの世界は、まず新聞社やテレビ局に入って人脈をつくり、結果を出して、その上でフリーになるのがセオリーだからだ。

そうではなくて、誰も切り開かないことをぼくは実践していきたいんだ……。

しかし、そう簡単にうまくいくわけではなかった。

大学を休学していた2年間は猛烈に働いていた。楽しくて、時間を忘れて没頭していた。

思えばそのころから、お金に対する執着は一切なく、むしろ「これだけ楽しいことをやっているのに、お金をもらえるなんて申し訳ない」そんな気持ちだった。

その頃は、「ありがとう、助かった」と誰かが喜んでくれた。

しかし当時、ぼくには、役に立てることがなかった。

誰の役にも立たない毎日ほど、堪えることはなかった。

その頃は、相当な数の本を読んだ。一筋の光を期待していたからか、自分への嫌悪感を紛らわせるためか。

それでも、今思えば気持ち的にきつかったんだと思う。

配達のお兄さんが、本を届けてくれたことに、それを受け取るだけの自分にふと猛烈な哀しさを覚えたのだ。

皆、汗水垂らして必死に人の役に立つことをしている。なのに自分は社会から切り離され、ひとり淡々と時間を過ごしている。

「ぼくがいなくても、この社会は成り立っている」

はじめて、被災地でボランティアをしたとき覚えた「人の役にたつ感覚」とは対照的だった。

寝ている時以外は、自分と向き合い続ける日々の繰り返しだった。

ペンは剣よりも強し？

そんな日々の中で一歩ずつ、お金にはならないけれど、自分なりに考えた企画を実行していった。

Webサイトを立ち上げたり、様々な著名人に頭を下げ、インタビューをし、記事にしたり。こうした試行錯誤もあり、徐々に、雑誌や著名なWebメディアで、取材や執筆できるようになっていった。この頃から、徐々に希望が見え始め、思考も前向きになっていった。

メディアの仕事が徐々に細い糸でつながり始めたある日、執筆した記事が偶然約1000万ページビューを記録した。

多くの人に読まれたこと、その媒体に貢献できたと、とても心が踊った。しかし同時に、コメント欄に飛び交う多くの賛否を見て、

「何のためにぼくは記事を書いているのか」と思った。

常日頃から自問を続けた思いは、これをきっかけに一挙に新たなベクトルをつかみはじめる。

他にも、政治家のインタビューをするうちに、同じ土俵に立てていないと感じた。一つの道具のような扱いだった。

政治家の気持ちを正確に掴むのは、社会をともに作る中でとても大事なはずだ――、

このとき初めてはっきりと、対等な立場に立ちたいと思った。

出馬を決めた25の夜

取材者として政治家に劣等感にも似た感情を抱く一方で、ぼくはグングンと政治家の強さに惹かれていた。

〈汗水たらして立候補する姿勢がかっこいい。その行動に敬意を表するべきだ。メディアに叩かれ、文句を言われる人たちは、血の滲むような努力をした上で勝ち上がってきてるんだ。その努力は計り知れない。だからこそ権力を持つのだ、当たり前の話じゃないか。リスクを取らず、ぼーっと無意味な時間を過ごしている人間たちと、同じ待遇なはずがない〉

これは選挙に出る前、不安を断ち切るために自分へ向けて書いたブログの一部だ。「政府は何をしていたんだ」と、誰かのせいにすることは簡単。「じゃあ、あなたは何をしますか?」と問われたときに、少なくともぼくは自信をもって答えることができなかった。それは周りの大人たちもそうだった。

「権力の監視」という大義名分をふりかざして、ただ自分の欲望を満たすために匿名で批判しているだけに思えた。

いくら事実に基づかない発言をしても、時が経てばその発言は忘れ去られ、責任を取る必要はない。さらには、事実でないその恣意的な発信には、妄信者がたちまち群れ集まり、強固なブロックを形成する。

「人は自分の信じたい情報しか信じない」

フェイクニュースが蔓延する一つの理由だとされている。

対話のための対話であふれ、罵倒のためのデモであふれ、信憑性のない情報が出回り、一人の人間に大勢で襲いかかる。

「未熟な社会」

「日本はもう終わり」

そんな言葉を吐き捨てるようにいう専門家や評論家に対して、嫌悪感がマグマのようにたまっている自分がいた。

「でもじゃあその社会はいかにして変えられるのか――」

こんなとき、いつも大学時代の恩師の言葉が頭に浮かぶ。

「文句じゃなくて代替案を出せ」

そうして、ぼくは思った。

「実際に議論を重ね、制度をつくり、物事を着地させていく政治家の姿は格好いい。社会を良くする意義のある仕事だ」

と、政治の世界に自分が打って出ることを決めた。

「立候補することが社会変革につながるとは限らない」

そんな声もあった。しかし、

「やってみないとわからない。変わると信じてまずはやってみよう」

これが、ぼくの正直な気持ちだった。

フツフツと心の底で煮えたぎる個人的な感情から、ぼくの区長選はスタートした。

そしてこの個人的な感情こそがぶれない信念を作り上げた。

当時、ブログでこう書き残している。

〈25歳で、出馬して、人生ハチャメチャになったら、って思うと、その可能性もあるし、こわいけれど、そんなこと言っていたら、歳がすすんだとき、(挑戦することは)もっとこわいんじゃないか?とも思う。選挙に出たからって、人生が終わるわけではない。〉

いよいよライターとしてこれからやっていく——

そんな時期に、練馬区長選挙がやってきたのだった。

ぼくには失うものはなかった。

3章
「デジタル×リアル」これが現代の選挙戦だ（前編）

平成30年の3月28日――告示日の約2週間前、ぼくは東京都庁で区長選の出馬表明をするため記者会見を行った。

ぼくは区長選挙に出ると決めたことを、一部の友人、親にしか話していなかった。もちろん、練馬区民は知る由もない。全て秘密裏で事を進め、情報をオープンにするタイミングを探っていた。

「選挙に出ようと思います」と告知するより、「選挙に出ます」と会見の様子と一緒に告知した方が覚悟が伝わると思ったからだ。

無事会見を終えると、今度はSNSで出馬を表明。一連の流れは、傍から見ればそれなりにスムーズに見えたようだったが、水面下では、必死に足をバタつかせ、なんとか体裁を整えていた。

「会見ってどうやればいいんだろう……」

スタート地点はそこからだった。練馬の選挙管理委員会事務局にも場所は用意できないと断られ、混乱する頭を懸命に捻り、唯一浮かんだのが東京都庁だった。

昨今とかく批判の対象になりがちだが、『記者クラブ』という、情報が大手マスコミに行き届く仕組みも使えるため、記者が集まりやすい。

都庁に電話をすると、慣れたように会見の手続きを取ってくれた。お金もかからない。

「どれくらい人がきてくれるんだろう」

来たるべき日に向け、準備をすすめた。

当日、会見場への足取りは、自分でも驚くほど冷静で、緊張も思ったよりしなかった。もっとも、ネガティブに言うなら誰も注目していなかったからかもしれない。いくつかの大手メディアは来たものの、会場は熱気があるというには程遠い状況だった。

「やっぱり相手にされてないんだな……」

そう思った。

やがて幹事社のＮＨＫが、

「それでは始めてください」

と合図を送り、会見は始まった。

練馬区への想い、課題、そして意気込み、準備していたものをそのまま正直に話した。

「自分の住んでいる地域に誇りをもってもらいたい。20年、30年かけて、この街をよくしていきたい。それがぼくの思いです」

会見では言わなかったが、

「練馬だけが良くなればいいのではなく、いずれ日本全体が、そして世界全体が練馬をロールモデルに良い方向に進むことができるのではないか」

と心から信じていた。

約15分が過ぎた頃、質問タイムがはじまった。

SNSは戦略？　インフラ？

とある記者から、「戦略はSNSですか？」と問われた。

ぼくは少し逡巡した。実のところ、SNSを戦略と捉える意識はあまりなかったからだ。それでも、ここで〝SNS戦略〟と言えば「若者らしい選挙戦」として伝えやすい……、分かっているのにどうしても違和感が拭えない。

現代の若者にとってSNSは生活インフラのひとつだ。「携帯電話戦略ですか？」と聞かれているのと同じだと言えばわかるだろうか。

「殊更『ＳＮＳ戦略』というほどＳＮＳに特別感はありません。ＳＮＳはあくまで日常の一部です。いまの若者の多くは、お互いの携帯番号やメールアドレスを知りません。ＳＮＳやラインが主な連絡手段。もちろん上手に活用していきます」

正直にこう伝えた。

ネットの活用を強調しないのも意図的だった。それよりもっと大切にしたいことがあったからだ。

「若い世代は部屋にこもってネットばかり」

こうした先入観は間違いなく存在する。しかし、ぼくがジャーナリストになりたいと思った原点である「現場に足を運ぶ」ことを実践してきたという自負があった。

「若いから何でもネット」と思われたくなかった。

記者会見は必ずしも必要ではないが、ぼくには覚悟を示すための大事な舞台だった。

【区長選に出馬します】SNS選挙戦開幕

記者会見の翌日、メディアで報じられたことを受けて、ついに自らのSNSで友人たちに向け情報を解禁した。以下がその内容の一部始終だ。

〈【区長選に出馬します】

来月4月に行われる練馬区長選挙に出馬します。昨日、どきどきの記者会見を終えました。

理由はたくさんあります。個人的なことも社会的なことも、そしてタイミングや練馬の状況的なことも含め。

当初は現職の前川区長だけが出馬を表明していて、対抗馬がいませんでした。72歳という高齢も相まって、やれ一騎打ちだ、引き継ぎ選挙だと、かなり盛り上がっていました。

（いろいろあり、現在は73歳の共産党推薦の方と元教員の方も出馬を表明しています）

それでも常識的に考えれば、なんの実績もない一介の若者が現職の区長に挑むのは相当におかしな話しです。政党の支援もなく（裏でいろいろとありましたが）ただそこに突っ込んでいくのはなおさら大馬鹿者です。

「手段が間違っている」

「最初は区議からだろ」

「田中くん、人生、時にはブレーキも必要だよ……」

すでにたくさんの人からたくさんのお叱りを受け、身体が動かなくなるくらい心身ともにズタボロになりました。

落ち込む背中をさすりこむように、

「区議なら公認を出すから区長選は現実的にやめておけ」

というまっとうな意見を貰うこともあり、揺らいだりもしました。

それでも自分の意志でこの決断をしました。

政治の世界に敷かれた既存のレールに沿う現実的な戦略では、社会は何も変わらないんじゃないか、そんな予感がそうさせたのかもしれません。

けもの道を無我夢中でここまで来ましたが、皆さんの力強い後押しとサポートもあり、ようやくバッターボックスに立てそうでとてもワクワクしています。

振り返ると、これまで沢山の人から影響を受けてきました。

フリーライターになって初めて大きな仕事をくれた方に出馬の挨拶にいったときのことです。きっと怖かったんでしょう、気がついたら「なぜ出馬するのか」という理由をずっと語っていました。でもその人は「俺にそんなこと話さなくていいから。まずはやってみたらいい」と受け止めてくれた。そんな毎日が続くうち、うれしくなったり、かなしくなったりして、明治神宮でめっちゃ泣いたりしました（笑）。

出馬の理由については、徐々に発信しますが、とにかく今は真っ直ぐに前を向き、本気で社会を良くしたいという気持ち、そして、文句やため息であふれる社会ではなく、前向きで期待感溢れる社会をつくるために、具体的に事を為していきたい思いでいっぱいです。社会を良くする、良い未来を創るために、ばかみたいに熱くなって夢を追いかける——、本気です。

やるからには勝ちます。それにはできることは全てやりたい。なので、友人である皆さまにも頼らせてください。

まずは多くの人に知ってもらうため、この情報をシェア頂けたらとうれしいです。

そして8日（日）からはじまる1週間の選挙期間、一緒に闘ってほしい。仲間がもっと必要です。スピーチにも来てほしい。

会社で働いていて都合がつかない人も、内部だけに情報を共有する「Facebookグループがあるのでぜひオンライン上で参加してほしい。

とりあえず8日来られる人教えてください！

今回、個人資金の全てを投げ打ち、親からもお金を借りて、200万円くらい用意しました。これをすべてつぎこみます。このことを親に話した瞬間、2人とも食欲をなくし、箸を持つ手がとまっていました。

正直、クラウドファンディングの利用は気が引けますが、今回ばかりはどうしようもありません。選挙期間中の4月8日から1週間、クラウドファンディングをやります。この着想は、2014年の都知事選に出た家入一真さんの影響を受けています。より良い選挙戦ができるようご協力をお願いします。

政治は、一部の人たちがただ権力を見せつけ合ったり、知識を押し付けあったりするものではありません。もっと豊かさや幸せをもたらすことのできる、優しくて可能性に満ち溢れたものだと思います。

それではSNS上をこれからかなり荒らすかと思います。何卒お付き合いください〉

反響は異様なものだった。通知や個人メッセージは止まらなかった。

「その投稿3回くらいSNSで見たよ」

という人もいた。多くの人にメッセージが届いているのを実感した。しかし、あくまでSNS上の、閉じられたコミュニティ。泥臭く、街を歩こうと改めて気を引き締めた。

その後すぐに、フジテレビ『ザ・ノンフィクション』の密着も決まった。

「もう後にはひけない」

腹をくくった瞬間だった。そして微かではあったが、確かな勝算が芽生え始めた。

通信インフラ3種の神器

その勝算は、ほんのわずかなものだったが、決して0ではなかった。その勝算が、たとえわずかでも出馬に踏み切る大きな理由になった。

多くの人から、「票読みしてないの？」といった、「これやれば、あれやれば？」の、沢山のアドバイスをもらった。ぼくもできることは全てやろうと意気込み、あれこれ手を出し始めていた。しかし、選挙のプロでもない人間が、「わかったフリ」をして、ファッションの一部でやるのであれば、やらないほうがいいと、頭をよぎった。もちろんできるに越したことはないのだが。

そんな中でもぼくはひたすら「10万票とれば勝てる」と豪語し続けた。

それがどれだけ大変な数字か、全く理解していないにも関わらず。

「前回区長が当選した票数が7万票だったから」

それだけで掲げた数字だった。しかしそれが、チームに目標を与え、仲間と、そして自分を盛り上げるのに十分な数字だったのも事実だ。

「なんとしても10万票とる」

そのこと以外、もう頭にはなかった。そしてぼくは突拍子もないことを言った。

「10万人、選挙ボランティアを受け入れる」

周囲の人間はみな眉をひそめ、「何を言ってるの？」という顔をしている。けれど、ぼくには腹案があった。それは、キングコング西野亮廣さんの発想の受け売りだった。

彼が口にしていたのは、「共犯者をつくる」ということだった。本をつくるとき、大概は著者と編集者の2人でつくる。それは必ず2冊売れる。とするならば、10万人で本を作れば、10万冊売れる……。つまり「買い手」（お客さん）でなく、「作り手」を増やす方がいい。それがそのまま「買い手」になるというのだ。

同じように、10万票をとるためには10万人に「票をお願い」するのではなく、10万人の練馬区民が選挙の戦略を一緒に考えたり、ボランティアをしてくれるような体制をつくればいい……

「理想論だけどできる限りのことをやろう――」

そのためには、「10万人のための仕事を作り出す」必要があった。

これまでの選挙では、ボランティアがやる仕事が決まっていた。

「証紙貼り、ポスター貼り、あとは拡散して……」

これまでの選挙では、せっかくボランティアが手伝いにきても、仕事がないからと追い返されてしまうこともあった。

「古い慣習にとらわれず、新しく仕事を作り出すことで当事者を増やそう」

そこで活躍したのがＳＮＳだった。それぞれ媒体の特性によって使い方を変えていった。

1 Facebook

「ＳＮＳの選挙利用」と聞いて一番想像するのが、ＳＮＳで有権者にリーチし、票をとる、というもの。もちろんその期待もあるが、本当の目的は「ＳＮＳを使い、仲間を集めること」。

これまで、ボランティアはポスター貼りなどの実働部隊が基本だったが、それは「身体を現地に運ばなければ手伝うことができない」ということになる。しかしいまの時代、オンライン上で、いくらでも知恵をシェアしてもらうことができる。

「身体は動かないけど何か手伝いたい！」

そういう人のために最も適したメディアが「Facebook」だった。

「○○について教えて！」

とFacebookを通じてアイディアを募集すれば、即座にコメントがつく。

実際、選挙直前にも、突発的に必要になったものを募集すると「持ってる」と助けてくれる人がいた。

Facebook の良さは双方向性、かつストック型であること。さらに、全体には共有せずに、限定メンバーで運営することによって、コミュニティが荒れることなく、特別感も出る。こうして一緒に戦略を練っていった。これが、クラウド上の選対本部になった。

「知り合いが出るから声かけとくね」を越えて、「俺も一緒に戦略を考えるよ」と意識を変革したかったのだ。

2 LINE

LINEは、メールや電話に変わる現代のコミュニケーションツールだが、それまでと圧倒的に違うのは、複数人と同時に会話ができる「グループ」と「手軽さ」があることだ。

グループをいくつも作り、グループに入ったメンバーが、練馬区民のメンバーを招待していくことにより、グループは、練馬区の人が集まる一種のコミュニティに変身を遂げていく。

ＬＩＮＥグループでは、メンバー同士のつながりや当事者意識は薄いが、グループをつくることで「数の確保」ができる特性がある。地元、アルバイト先、中学、高校、できるだけ練馬区民を入れ、また、いろんな年齢の人を招待することで、各学年単位で呼びかけるのが狙いだった。

こちらも、ライングループ１００人が、１０００個できれば、「10万票」。「見える票」が確保できる。結果は理想とは程遠く、改善の余地は多々あったが。

3 Twitter

Twitterはフロー型メディアで、行動、経過を逐一発信できる。くわえて拡散力も高い。情報収集のためだけに使っている利用者も多く、実名ではないので気軽にチェックできる。検索した際にトップに出てくることも多い。選挙についてつぶやいていてる人を見つけて、アプローチすることができる。ただ多くの政治家は、選挙活動の様子を垂れ流しているケースが多く、拡散される可能性は低い。

それぞれのＳＮＳの特性を活かした懸命の呼びかけは功を奏し、続々と仲間が集まり始めた。

「10万人に選挙対策の当事者になってもらう――」

という旗印は、

「なんだか、勝てるような気がする！」

という士気の高揚を仲間たちにもたらした。何より、ぼくが一番そう信じていた。

それでもあえて何度も口酸っぱくこう言い聞かせた。

「ＳＮＳはあくまで手段であることを忘れちゃだめだ」

盛り上がっている雰囲気の演出にはいいが、ＳＮＳが票につながることは未知数。期待は最小限に、を心にとめていた。

他にも、Youtuberを呼ぶ、アーティストを呼ぶ、編集した動画を必ず毎日アップする、有名人とコラボする等たくさんのアイディアが出たが、その実現に十分な余力と時間はもう残されていなかった。必然、思考はシンプルに着地した。

「誰でもできることを徹底してやりきろう」

一秒でも長く外に居続け、一枚でも多くビラを配ることだった。「決戦の日」は近づいていた。

「ポスター貼り部隊」

ＳＮＳや個人ラインで仲間を一人ひとり口説いていたのには理由があった。他候補者やスタッフに、「この陣営は違うぞ」とプレッシャーをかけるため、初日のポスター貼りの人員を集めたかったのだ。

「25歳の新人なんて相手にならない――」

そんな考えに「ＮＯ」を突きつけるためにはどうしたらいいのか……、考え抜いた結果だった。まずは「本気の証」を示す最初の舞台だった。

練馬区のポスター掲示板は、71地域に分けられ、合計５８４箇所あった。一地域に1人配置すれば、1人約8枚ずつで貼り終わることができる計算だ。

「〝ヨーイドン〟で一番になれることをやるぞ」

誰でも当たり前にできることに全力を注ぐ、それがぼくたちにできるすべてだった。集まった友人たちに担当地区を振り分けた。

「彼は地元の人間で車もある。ここにしよう――」

一人一人の顔を思い浮かべ、ポスター掲示板の記載された地図をにらみながら担当を決めた。

次に必要だったのはポスターを手渡すこと。選対メンバーの長峰と中村が、それを丁寧に一つ一つ予備もつけて紙袋にいれてくれ、告示日の前に、ポスター貼りの説明会を開き、実物を手渡した。ポスターを渡すために用意した会議室に、続々と人が集まってくる。

「久しぶりー！　元気？」

「〇〇の友達！　わざわざありがとう！！」

久しぶりに会う知人、よく会う友人、その友人の誘いで来た初めて会う隣人……、他にも、家族連れで来る人、恋人と来る人と、本当にたくさんの人たちが訪ねて来てくれた。一人ひとりの顔を見て直接お礼できたのは、とても有難く豊かな時間だった。

寝不足とプレッシャーでたまっていた重い疲労は一息に吹き飛んでいった。

「なんで電子掲示板じゃないんだよ！」

「ポスターってどこに貼ればいいの？　その辺に貼っていいの？」

「掲示板に田中って名前が書いてあるところに貼ればいい？」

率直な意見が飛び交い、会場は笑いに包まれていた。どれもよく考えれば当然のことだ。なにしろ「ポスター貼り」などほぼ全員、人生で初めての経験だからだ。くれぐれも法律を犯さないよう、一人一人、丁寧に説明していった。

最終的には84人が「ポスター祭り」と名付けられたグループに入り、不測の事態に備え、予備の人員も集まった。

予定が合わない人には、当日の朝、ポスターの受け取りをしてもらう約束だった。

しかしこれが大きなミスへとつながってしまった。

ボランティアに愛をこめて

選挙準備がはじまると、とたんにぼくの携帯は夜中まで鳴り響き、メッセージを返せない〝パンク状態〟になってしまった。大切な友人たちに感謝の気持ちを込めて返事をしたいのに、できなくなっていた。「味方」が「敵」になる瞬間をこれまでの人生で何度も見てきた。

「恩知らずめ。せっかく手伝ってやったのに……」

そんなふうに思われたらと、不安で仕方がなかったが、必死の返信も限界を迎え、ぼくは正直な気持ちをブログに書いた。

〈ボランティアの方や友人の皆へ

ついに告示日が近づいてきました。

皆さんの力が結集してくれたおかげでここまでこれました。

本当にありがとう。

そんな皆にお願いとお詫び。

おかげさまでたくさんの方から激励の連絡を頂きます。

ぼくにとって一人ひとりに感謝を伝えたいと、必死に連絡を返しています。

なかなか返せない場合もあります。ぞんざいに扱ってしまう場合もあります。

でもぼくは嫌いになったわけではありません。

「こいつ、今必死に頑張っているんだな」と思って頂ければうれしいです。

皆さんからの連絡を全て返せないため、Facebookグループで「練馬区長選挙選対本部」という秘密グループをつくって、オンライン上で情報を共有して、皆に知恵を絞ってもらっています。

こうして双方向のコミュニケーションができています。

そしてもう一つ。

「できることがあれば教えてください」

「何をしたらいいですか」

こうした連絡をよくもらいます。本当にありがたい。

しかし、実はぼくも全くわかっていないのです。なぜなら初めての選挙、かつ選挙カーを用意する潤沢な資金があるわけではないからです。

いや、それが本当の理由ではありません。

「通常の選挙」をやっていたら勝てないからです。新しい選挙戦略を生み出していく必要があるのです。

選挙の基本動作はもちろんやります。

ポスター貼り、ビラ配り、そうした人員は多いほど必要です。

なので、皆には、「○日にきてください、ビラを配ってください」といいたいのですが、もっと有効な手段はないのか、脳みそがちぎれるくらい、一緒に考えてほしいのです。

正直、ぼくは、朝一から外に出て、挨拶をして、握手をして、夜遅くまで活動すると思います。

しかし、それだけでは絶対に勝てないことはわかっています。

基本を大事にしながら、これまでの常識を破りたい。

最後の最後まで、力を貸してください。
よろしくお願いします。〉

「野党は批判ばかり」先人からのアドバイス

直接には選挙に関われないけど自分の過去の経験からアドバイスはしたい、と申し出てくれる方もいた。

その中の一つに「相手の候補を批判しない」というものがあった。これはまさに、ぼくが以前から決めていたことだった。ここ数年、「野党は批判ばかり」という国民の声が大きくなっていた。国会の与野党攻防、国会前の抗議行動、そうした様子をぼくなりに客観的に見ていた。国政でも、市区町村でも、人間の考えはそう変わらないもの。

選挙期間中、「あの人はこうだから……」という噂話がしょっちゅう出る。でもそんなものは大概、嫉妬も含めた幻想でしかない。会ったことも、話したことも、見たこともないものについて演説で語っても、身内以外にはまったく受け入れられない。

「事実に基づかない印象操作はやめよう」

「断固として他候補者批判はしない――」

そう決めた。

近年、頻繁に「フェイクニュース」が取り沙汰されるが、

「フェイクニュースはだめ！」

と普段言っている人が、ときに偽の情報を信じこみ、フェイクニュースを拡散する側になることがある。それは決してその人個人の問題ではなく、人は誰でも簡単に過ちを犯す可能性があるということを認識しておく必要があるということだ。他人の批判ばかりしていては、盲目的になってしまいがちなのだ。

選挙準備狂騒曲

注文した品は続々と届き始めた。

「うわあ、政治家がいつもしているタスキだ！」

テレビや街頭演説で見るあの重厚な布がいま手の中にある。ゾクゾクした。

「本当に選挙をやるんだ……」

試しにつけてみると、タスキをかけた部分だけが自分の体でないような違和感。

名前は「田中まさゆき」とひらがなにした。

それまで、「ひらがなにするなんてカッコ悪い。ムダに非日常を演出するから政治を遠ざける人がいるんだ」などと思っていたが、いざ自分が出馬するとなるとやっぱりひらがな一択だった。投票所では候補者の名前を記入するため、難しい漢字の名前を書きたい人などいないからだ。

名刺やポスター、選挙の資料、紙袋など様々な備品が次々に運び込まれ、部屋が埋まっていく。


立候補の書類や手続きも不慣れながら着実に進んでいた。「事前審査」という書類チェックで選挙管理委員会に何度も足を運んだり、後援会をつくったり、供託金100万円を振込に法務局に行ったり。審査が無事終わり書類一式が揃ったら、本番当日に提出してようやくエントリーが完了となる。

いざ、晴れの舞台へ。もうやるだけだ。

〈皆さん、SNSの応援本当にパワーになります。ありがとう。毎日、見えないプレッシャーに圧迫され夢にうなされ、よく眠れない日が続いています。現実味のない浮遊感に冗談抜きにこわくてたまりません。でもここまできたらもう大丈夫。〉（Twitterより）

連日の寝不足と強烈なプレッシャー。疲労はすでにピークだった。

7日間選挙戦争開幕

4月8日、快晴の空のもとついに告示の日を迎えた。補欠だった野球部時代、バッターボックスにも立てなかった。しかし、多くの人の支えによって、今回の区長選挙ではそのスタートラインに立つことができたのだ。

「失うものは何もない。全てをさらけ出そう——」

お金も、組織も、知名度もない。けれど、ぼくにはたくさんの誇れる仲間がいた。

「選挙史上最速でポスター貼りを終わらせるぞ！」

初日に駆け付けた100名を超えるポスター貼り部隊を前に、力強く合言葉をかける。「すべては計画通り。……いやそれ以上だ」にもかかわらず、ぼくはいきなり大変な失態を犯してしまうのだった。

出陣とつまずきと心強さと……

告示日の朝、選対スタッフ全員で家を出発した。前日までにポスターと地図を渡せなかった人たちが、朝の8時に石神井公園に集合し、そこで手渡しをするためだ。

懐かしい顔、初めての顔……、一人ひとり、順に熱い握手を交わしお礼をしながら、直接説明をした。

そうこうするうち、選挙管理委員会に向かう時間が迫ってきた。それでも、ぼくは焦ってはいなかった。

「出馬する場合、当日の7時30分から8時30分の間に来てください。くじ引きを引くための順番をくじで決めます」

選挙管理委員会からはそう言われていたからだ。

8時半までに来た候補者たちでくじを引き、ポスター番号を決めるくじ引きの順番を決める。そして今度は、その順番通りにまたくじを引き、ポスターの番号が決まる……、それなら、

「下手に早く行って8時半まで待つよりも、ぎりぎりにいったほうがお得」

と考えた。さらに、

「万が一、くじが引けなくても、残った番号を仲間に伝えたらいい」

と決め込んでいた。ぼくにとっては何番でもよかった。くじ引きなんて最後に残り物を引けばよいと思っていたからだ。

そのあとまさか手痛い現実にあうなどとは、そのときは微塵も思っていなかった。

朝一から、集まってくれた旧友たちに握手をして、御礼を伝えたあと、選挙管理委

員会に向かい、到着したのは、8時30分30秒ほど。

係の人が言う。

「抽選はできません。あちらの部屋で待っていてもらえますか？」

「どれくらい待ちますか？」

「一時間くらいだと思います」

「え？」

「区長選挙の抽選に間に合わなかった人は区議選挙の書類審査のあとにまわされます。いましばらくお待ちください」

血の気が引いていくのがわかった。とてつもない絶望感に襲われた。ぼくは、絶対にやってはいけないことをやってしまったのだ。自分の思い込み、怠慢で80人近い人間を各地域のポスターの前で一時間も待たせることになる……。自己否定と自己嫌悪に飲み込まれそうになった。

心の中では、

「前もってそういう大事なことは伝えてよ」

と不満がふくらんだが、どんな言い訳を並べようと、ぼくが遅刻しなければ何もなかった話。頭を抱えて待ち続けた。「針のむしろ」とはこのことかと思った。時は刻一刻と過ぎるが、一時も心安らぐ瞬間がない。黙って待つことができず、待合室の中をウロウロしていた。

このときのことを思い出すと、いまでも寒気がする。

45分を過ぎるころ、10名近い区議選挙立候補者の後に続いて、ようやくぼくの書類審査とポスター番号が判明した。20名近いスタッフに囲まれ、書類の確認がされる。いままでの遅れを少しでも取り戻そうと、番号がわかった瞬間、すかさずLINEを流した。LINEはやはり、

「まだかー!」

というたくさんの声と、

「頑張ります!」

というお互いを鼓舞するもので溢れ、胸が苦しくなった。

晴れ舞台をどんより曇らせて、鬱々とした気持ちで外に出た。集まった記者たちの目にも、「哀れなやつだ」という感情が浮かんで見える。

しかし、仲間の力は偉大だった。

昼頃には、ほぼ全ての地域で終了の報告がLINEグループに流れた。

「皆、本当にありがとう。終わったら待たせたことを皆に謝ろう。でも、今できることは今、目の前のことを全力でやることだ」

ポスター貼りは、どの陣営よりも早かったと聞く。ぼくのミスを皆が全力でフォローしてくれた。

「さあ、次は『第一声』だ！」

「第一声」

第一声の場所は地元・石神井公園駅。「第一声」というのは、言葉通り、選挙が始まって初めて演説をする場所だ。この場所にこぞってメディアが集まる。電話で何度も、「第一声の場所と時間を確認させてください」としつこいくらいに連絡を受けていた。

ぼくたちには選挙カーがなかった。演説は同じ場所からやろうと思っていたのだが、いざ人がたくさん集まるとぼくの顔が見えなくなる。

すぐにスタッフが近くの酒屋にビールケースをもらいに交渉しに行き、「あったー！」と嬉しそうな顔で駆け寄って来た。「すぐ返してね」と言われながら、なんとか借りることができた。ここでもバタバタだった。

ポスター貼りを終えたメンバーが次々と帰還し、観衆やメディアが続々と集まってきた。その中には、これまでお世話になった方の顔が見えた。

著名人の方も来ていたようで、

「○○がいたよ」

と小さな噂にもなり、次第に注目度を増している手ごたえもあった。

しかし、初めての演説は目も当てられないほどおそまつなものだった。

どうやって始めたらいいのか、何を言ったらいいのか、全くわからなかった。今でも思い出すと赤面する。自分が当事者になって初めて、「政治家の演説は努力の賜物なんだな」と気がつく。

あるライターは、ぼくがいきなり

「政策は話しません。ホームページを見てください」

と発言して、ズッコケたと言っていた。

「でもそれが田中くんの普通だからいいと思うよ」

と、プラスかマイナスかわからない言葉をかけてくれた。友人や、笹島さんも応援演説をしてくれた。

こうして、初めての演説は無事？　幕を閉じた。

意外にも、演説を聞いた通りがかりの婦人は、

「若いから投票をやめようかと思ったけれど、若い世代が苦労していることがわかって感動した」

と話してくれた。記念すべき、第一声となった。

こぼれた涙

第一声が終わったあと、残ったメンバーで各地域を回った。最初は、石神井公園駅

の商店街などを通りながら挨拶する「練り歩き」をした。

公園は花見客でにぎわい、その中をぼくたちはとにかくビラを配ってまわった。しばらくしてビラを持つ手が止まった。違和感を覚えたのだ。行動すべてがフワフワしていて、どうも勝手がつかめない。

「本当にこんなんでいいのか……」

マイクで声出しをする笹島さんと不安に顔を見合わせながら、ただ必死に声と手を出して歩き回る。気おくれしている暇はない。とにかくやってみるしかないのだ。

桜と酒に溶ける一人ひとりの顔に向け、

「田中まさゆきです」

と声を出しながら挨拶した。

「若いね〜25歳！　いいね〜！」

「同い年じゃん！　すごい！」

幸せに崩れる全身からいい反応が返ってくる。

それでも、ぼくの心は依然、モヤモヤしたままだった。

「本当にこんな選挙活動でいいのだろうか……」

実はこの不安は当たっていた。

「なんで握手をしないんだ」

「こんなのが選挙に出るからおかしくなるんだ」

そんな声があったというのを、あとで耳にすることになる。

「しつこくすると逆に嫌われるのでは」と思い、最初のうち、ひたすらビラを渡した。結局、初めて握手を交わしたのは小学生だった。

次に向かったのは練馬駅。なんとその同時刻に、競合する現区長、そして共産党推薦の候補者が第一声を行うというのだ。すでに駅前は、両候補のボランティアや聴衆であふれかえっていた。まず先に、共産党推薦の候補者、次いで現区長の第一声が行われる。ふと不安が頭をよぎった。

「ほかの候補者の近くで選挙活動をやってもいいのだろうか——」

選挙の常識やルール、公職選挙法など、未知の恐怖が頭をがんじがらめにしていたのだ。迷ったすえ、結局また「練り歩き」をすることにしたが、人もまばらで効果は全く感じられなかった。

駅前に戻ると現区長の支援者と、共産党候補の支援者がもめていた。先に第一声をやっていた共産党の候補の演説時間が伸びたようで、現区長のボランティアが文句を言っている。同時期に行われている区議会補欠選挙でも、一悶着があったとニュースになっていた。

「これが政治だから」という結論にしがちだが、ぼくには到底受け入れ難いものだった。

遠慮がちに端の方でビラ配りを始めると、両陣営のボランティアたちは、

「ああ、この子ね……」

チラリとこちらを見て、ヒソヒソ話しながら目の前を通り過ぎていく。彼らの冷徹な視線に、経験にない圧力を感じた。

やがて現区長の集会が始まり、

「参考にしようかな」

オロオロと周りに相談したが、「好きにすれば」と冷たい声が返ってきた。仕切り直してビラを一枚でも多く配った方がいいと決め、砕けかける心を手で抑えながら次の場所に移動することにした。

すでに、ぼくの心は折れかけていた。まだ初日にも関わらず。陽が傾きはじめた夕暮れ……、もう4月だというのに、凍えるような寒さだった。

1枚でも多くビラを配り、1秒でも外に立ち続ける。そしてなにより、集まってくれた多くのボランティアのためにも、自分が先頭にたって鼓舞しないといけない……、そう頭ではわかっていても、いかにも弱々しい、もやしのような選挙活動だった。

ある60代の男性には、1時間近くにわたり説教された。

「蚊の鳴くような声で話してるくらいなら、いますぐ出馬をとりやめてこい！」

彼は、ぼくを叱咤激励しているようだったが、一番痛感していたのは、自分だった。その時間は永遠にも感じられた。

周りの友人たちも、どうしたらいいのかわからなくなり、皆、寒さに耐えていた。申し訳なさが募りながら、ぼくのことをののしる人もいた。

「本当そうですよね。そうなんだよ、お前は目の奥が死んでいるんだよ！　本気度が感じられないんだよ！」

と畳み掛けるように拳を握りしめ言葉をかぶせてきた。

「もっと語尾をはっきりしないと」

「何がやりたいのか伝わらない」

春なのに吹き荒れる北風。コートを着ても我慢できない寒さ。食事もろくに喉を通らず、眠れない日々が続いていた。体力が限界だ――。直感したぼくは、「そろそろ帰ろうか」と周囲を集めて相談しました。友人の一人は、

「また逃げるの？」

と呆れられた。

言葉はまったく図星だったが、蓄積した極度の疲労が、

「ぼくの気持ちなんて誰もわからない」

という禁断のセリフを喉元にせりあげた。その言葉を何度も飲み込んだ。

「もう帰りたい」

「一刻も早く帰って出直したい」

ボランティアが、全員敵に見えた。彼らは彼らで、

「こいつ何やってんだ」

と思っていただろう。それでも極寒の中、手伝っているのだ。

「どうするの？　このままやるのか、やらないのか……、はっきりしないと皆わからないよ。寒いから私、帰るわ」

震える身体を抑えるように耐えていた1人は事務所に戻っていった。

「もう勝手にしてくれ」とこぼれそうになる言葉をぐっと飲み込んで、ぼくは「わかった」と頷いて、ビラ配りを続けた。もうどうにでもなれ――。とにかく目の前のことを必死にやろうと決めた。自分の未熟さなど、自分が一番分かっているつもりだった。

「そんなこと分かってるって……」

いつもそう思っていた。

ちょっとやそっとのことではへこたれない。そう自負していたが、さまざまな人間の交差する複雑な感情、その中で経験したことのない重圧をはねのけなければいけないのは、これまでとは格が違った。

「じゃああなたが一回やってみたらいいじゃないか」

ピークに達した混乱と怒りを鎮めると、急に涙があふれてきた。

これまでずっと、怒りや悔しさ、不甲斐なさ、不安、全てをこらえて、ここまでやってきた。友人たちが、わざわざぼくのために、足を運んでくれる有難さもわかる。わかっているけれど……。

「もう逃げ出したい。なんのために自分はこんなことやっているんだろう。なんでこんな多くのことをいろんな人に押し付けられないといけない。なんで、『お前は本気でやっていない』といわれないといけない……」

「飄々としていた――」メディアに形容されたように、ぼくは、人前でめったに感情を出さない。人とぶつかることもほとんどなかった。生来、楽観的な性格なのだと思う。そんなぼくにとって、人前でこらえきれなくなったは久しぶりのことだった。本望ではなかったが、もう我慢の限界だった。

「ちょっと休憩しよう」と友人が声をかけてくれた。

考えてみれば、移動は全て電車で、一度も休憩や食事をとっていなかった。

「道なき道を切り拓く！」

そんな強い気持ちをもって、遊びも、飲み会も控えてきた。そのうち次第に、友人に誘われなくなったが、実現したい夢のために、自分の人生をかけてきた。

練馬区長は、70万人という巨大な区を背負う。その覚悟は間違いなくあった。練馬区を良くできるという自信もあった。休憩しながらそんなことを思っていた。

涙はいつのまにか止まっていた。落ち着くと、寒い中、外で待ち続けている仲間たちの顔が浮かんだ。

「これ以上待たせられない」

「あと1時間、よろしくお願いします」

もうぼくは前に進むしかないのだ。失うものもない。恥も外聞も捨て、ひたすら大きな声を出し始めた。

「田中まさゆき」「25歳」「無所属」

この3つのキーワードは、少しずつだが確実に人を振り向かせた。短い、細い、わずかな糸を手繰り寄せるような感覚。本気の、捨て身のようなビラ配りは、区民の皆さんに少しだけ伝わったような気がした。とはいえ、たった一日で何かが変わることはない。

その後、地元石神井公園に戻り、新たなボランティアとともに、夜中まで挨拶を続けながらふと思った。

「ポスター貼りはやりきった。このままビラを配り続けるだけでいいのだろうか。まだ残り6日もある」

笹島さんの言葉

「田中の言葉で語ってないんじゃないかな」

わざわざ茨城から来てくれた笹島さんは帰り際に言った。

その言葉がストンと腑に落ちた。

自分の信念を貫き通すべきだ、と選挙前からわかってはいたものの、やはり頭で理解していただけだった。気がつけば、どこか不安がにじみ出ていたのだ。

「政治家の見よう見まねで演説をするのはやめよう。自分が伝えたいこと、正しいと思うことをする。ここにいるのはほかでもない自分の意思なんだから」

思えば、これまで幾度もくじけそうになり、何度、面倒なことが起きても、自分の決断で乗り越えて来た。はじめての選挙戦に圧倒され、いきなり自分を見失っていた。

ぼくも周りのスタッフにとっても散々な初日だった。

きっと、「何でこんなことやっているんだろう」と疑問に思っていたはずだ。

自分の意思決定に迷いが生じ始めているぼくからの「どう思う、コレやった方がいいかな」という問いかけも増えていた。

何が正解なのか、誰一人として自信をもてずにいた。そんな中での笹島さんの言葉は、ぼくたちの進路を照らしてくれた。

一番に配り切る! 1万6000枚の「ビラ配り」

区長選挙には、そのときにだけ許される「ビラ」がある。これを選挙中、有権者に配布する。その数なんと1万6000枚。このビラに、選挙管理委員会から配られる「証紙」と呼ばれるシールを貼って配らなければ法律違反となる。

選挙は、まずボランティアにこの証紙貼りをやってもらうのが基本だ。

ぼくたちは、この証紙貼りを選挙3日目には全て貼り終えた。友人たちが一斉に貼ってくれた。幼馴染の母親も熱心に手伝ってくれた。間違いなく、自分の知らないところでたくさんの方々に支えられていた。

夜は選対スタッフと翌日の戦略を練る。

型にはまらない戦略を考えた結果、たどりついたのはシンプルな答えだった。「ひたすら外に立ち続け、ビラ1万6000枚を配り切る——」

他の候補者にはない、若さと仲間を最大限に活かした方法だった。

強力な組織票と実績を持つ現職の区長に挑むには、無党派層を最大限囲い込むことが必要と考えたぼくたちは1枚でも多くビラを配らなければならない。それには、一人でも多くのボランティアが必要だった。

そして公職選挙法で、「候補者が近くにいなければボランティアはビラを配ってはいけない」と定められているため、ぼくはとにかく外に立ち続ける必要があった。

ビラを配らない時間を含め、ぼくは、朝6時から夜0時近くまで外に立ち続けることにした。

多くの人の支えで貼り終わったビラを手に、改めて強く決意した。

「絶対に配り切るぞ」

もちろん、インターネットやSNSを最大限に使った選挙も並行して徹底的に継続する。

その一方で、ぼくは仲間にこう伝えていた。
「オンラインの力は信じていない」

ネットの弱点

ぼくたちは、「デジタルネイティブ世代」と言われ、日頃からインターネットと接してきた。

近年、「フィルターバブル」と呼ばれる現象が起き始めている。アルゴリズムとあいまり、自分に適した情報が、一層心地よく取り入れることができる。この状況には弊害もあって、新しい知識や分野と自然に出会うことがなくなっている。

現代は、選挙でより多くの票をとるためには、ネットでの拡散は必須だが、「偶然の出会い」を増やさなければ、票の拡大が望めないのもまた事実だった。インターネットを使う層は多くなっているが、いくらインターネットをつないだからといって、その膨大な情報の山から、区長選や、ましてぼくの情報が目に触れるなど、万に一つの確率だと思った。人は知っている語彙の範囲内でしか検索をかけないからだ。知りたい情報があるのに言語化出来ないから検索できない、という経験は誰しもあるはずだ。同様に、ぼくの情報を知るには、ぼくの名前や、「練馬区長選挙」という検索ワードにたどりつく必要がある。もちろんターゲットを絞って、偶然の出会いをオンライン上でつくることも可能だが、ネットでとれる票は限られる、と判断した。オンライン戦略は信頼している仲間が徹底的にやってくれ、ぼくは安心して外に出ることができた。こうして「役割分担」が作用し始めていた。

4章 「デジタル×リアル」これが現代の選挙戦だ（後編）

ぼくたちが最もおそれていたのが公職選挙法だった。
真実はわからないが、きっかけは選挙に出る前、友人から言われた言葉だった。

「今でも俺の友人は公職選挙法関連で、警察に追い回されている。無所属とか、素人の候補者を狙っているらしい」

それはまさに無所属、素人であるぼくにピタリと当てはまった。「選挙に出て逮捕」だけは避けたい……。そのため、ぼくは手元にいつも電話とパソコンを置いていた。ひとつ疑問が湧くたび、選挙管理委員会に「何度もごめんなさい」と謝りつつ、ルールを確認した。

後で知ったことだが、選挙管理委員会も公職選挙法のプロフェッショナルではなく、結局は、警察が逮捕するかしないかの判断をするそうで、あくまで選管は「アドバイス」というスタンスとのこと。

「だからいつ聞いても、『法に抵触する恐れがあります』というあいまいな答えが多かったのか。全てはグレーだと言われると、相手の都合で判断されてしまうから、できることが狭まってしまう…」

と、モヤモヤしていたがルールはルール。

やはり頼りになるのは、何度も選挙を経験している人たち。セーフとアウトのラインをわかりやすく教えてくれた。一番危険なのは、お金だったので、誰にも何も払わず、すべて自腹をきってもらった。本当に心が痛む毎日だった。それでも理解を示してくれる仲間の存在はありがたいものだった。

そんなぼくをよそに、他の候補者は平気でルールを破っているように見えるものの、「案外大丈夫」だそうで、「不公平だな」と思った。

ルールを破っても、「イヤ破ってない」と開き直るのが公平な選挙なのだろうか。あれだけ子供たちに「ルールを守りなさい」というのに……。あまりひどい場合は、「警告」というものが出されるそうだが、関係者の話では「何枚もらっても、警告のまま終わる」。「2枚でレッドカード」はないとのことだった。

ひとつ気になったルール違反をあげておく。「掲示板以外のところにポスターは貼ってはいけないのに、選挙前に貼ってある、『選挙活動用ポスター』ではなく、『政治活動用ポスター』が貼ってある――」本来であれば、これは、選挙が始まったら全てはがさなければならない。

しかし、特に違反になることもなかった。

「あれだけ力を合わせて掲示板にポスターを貼ったのに、掲示板以外にポスターを貼るなんて、ルールから逸脱している」

悔しさで奥歯を噛み締めたが、どうすることもできない。

文句を言っている暇があるのなら、目の前のできることを全力でやるしかなかった。

選挙戦3日目

翌日、長峰と中村の3人で、朝6時から、地元・石神井公園駅で挨拶をした。

朝は厳しく冷え込み、日陰に入るとまるで真冬のような寒さだ。

ちょうど通勤ラッシュの時間で、駅前をスーツとビジネスバッグが足早に通り過ぎる。

3時間が過ぎるころ、はやくもぼくたちの身体は限界に達していた。

「3人同じように活動していたら、3人とも倒れてしまう……」

当初、ぼくは友人5~6人で選対チームを組んだが、毎日、全員が来れるわけではなかった。情報こそ共有していたが、基本的に、実務は、ぼく、中村、長峰の3人でこなしていた。

すでに3人は、選挙活動が始まる前からかなりの疲労を蓄積していた。その疲労を抱え、初日から最大限の集中力で100人近いボランティア対応やポスターのやりとりをしており、前日もほとんど寝ることなく、朝5時代に起きて活動を始めていた。口数は次第に少なくなっていた。

ぼくは挨拶を続ける2人の横顔を見た。

「1人で街頭に立とう。自分のためにやるんだから、どんなに寒くても、疲れても、外に立ち続ける気力はある。大丈夫」

これを境に、2人にはできるだけ家での作業に徹してもらうことにした。外の活動は、極力、友人とボランティアにお願いした。外の活動は思った以上に、体力と気力がすりへるのだ。不特定多数の人間と関わるのはやはり大変なことだった。

同時に「このまま選挙を終えていいのだろうか――」

という不安も消えない。

もし記念出馬なら、街を歩いて、人と交流して、「楽しかったね」で終われば良い……、しかし、ぼくにそのつもりはない。

「これまで当たり前とされた選挙の基本動作を淡々とこなしても、『地盤』『看板』『カバン』全てがない自分に下克上が起こせるはずがない。もっと票につながることはあるんじゃないか。もっとできることはあるんじゃないか。もっとムダを省けるんじゃないか……」

24時間、夢の中でも、もがいている自分がいた。

「このままビラを配り続けるだけで投開票日など迎えられない。ズルズルいかないためにもスパイスが必要だ」

何が「ヤバい」のかも分からずただ何かにすがりつきたい……、追い詰められたぼくはついに助けを求めた。相手は信頼する友人、森川智貴だった。

「森川、助けてください」

夜23時頃だったと思う。無理を言って、身体ごとこっちにきてもらい、一緒に戦ってほしかったのだ。

「一刻も早くきてほしい」と、SOSを出した。

森川とは、まだ会ってから1年も経っていなかったが、会った直後から意気投合し、多くの時間を共有した。

現在、彼は自ら会社を立ち上げ、事業作りに奔走している。「選挙を一緒に戦ってほしい」と言うと、二つ返事で「もちろん」と返してくれた。それが社交辞令だということもわかっていた。けれど、力を貸してくれるということもなんとなく感じていた。

ぼくが彼に声をかけたのには理由がある。もちろん、優秀なのだが、25歳の優秀さは世間にとってはたかが知れている。彼を巻き込んだ一番の理由は、「実行力」だった。周りの多くが「こうしたほうがいい、ああしたほうがいい」と、自分の主張を並べて、それをぼくがやらないと分かると、勝手に落胆して去っていく中で、彼は、みんなを巻き込み、自ら率先垂範で行うのだ。

「ここは田中がやって。あとはこっちでやるから――」

演説中の生配信、段取り、オンライン戦略など、次々にやるべきことを明確化して、動きやすい指示をくれる。明らかにチームの空気が変わっていった。

森川を中心としたMTGが続いている間、ぼくは後輩たちと、どうしたらもっと効率よくビラを配れるかを考えた。が、容易に答えは出ない。急にいてもたってもいられなくなって、ぼくは立ち上がった。

「今から行くぞ！」

とにかくガムシャラに立ち続ける、今、できることはやっぱりそれしかなかった。限界に達した身体を一旦休養させるため、その日は早く家に戻って戦略を立て直すつもりだったが、心に嘘はつけない。

ぼくたちは一斉に自転車で駅の方に走り始めた。


その後輩たちは選挙中、心の大きな支えだった。

特に印象的だったのが、東進ハイスクールの後輩である山田だ。ある朝、6時から始まる駅頭に、二つ返事で「朝行きます」と答えてくれたり、「(大学の) 1限の授業、遅刻することがわかったので、こっちにきました」と、仲間を連れて一緒に駅に立ってくれた。

まだ一度も投票に行ったことのない、政治に全く興味のない20歳が、朝6時から一緒に駅に立ってくれることに驚きながら、ぼくは、昨今問題視される若者の政治参加のヒントを見た気がした。

ノリノリのファッションの大学2年生。しかもYouTuber。

そんな彼に「どうしてそこまで手伝ってくれたの？」と聞くと、

「政治に興味あるっていうよりは、知らないことに興味あるんです」

あっけらかんと言った。

「ぼくの人生は、常になんか新しいことに挑戦しようと20年間やってきました。大学でもゼミで面白いことがあったら首を突っ込み、面白いバイトの情報があったら始めたり……。動画が流行り出すとすぐMacBookを買ってYoutuberを始めました。「選挙」という話を聞いた時、最初は特に手伝うというより、票を入れて欲しいと思ってるもんだと思いました。それが、「手伝える」と知り新しいことやれるチャンスだと思った。これを逃したら自分では絶対関われない領域だし、この先そのような活動をする人も多分いない。真新しいもので魅力的でした。で、そうとなったらトコトンやる性格です。新しい人と関われたのも面白かった一因かもしれませんね。そんな感じで楽しかったです」

その言葉を聞いた瞬間、「山田を出馬させてサポートしよう！」と誓ったのだった。

力強い相棒たちを得て、ぼくの心は明らかに高ぶっていた。翌朝早くには、泥のように眠る森川を容赦なく叩き起こし、勇んで駅頭に出かけた。

クラウドファンディングの効用

選挙活動が板につくにつれ、仲間もどんどん増えていった。ぼくの友人以外にも、練馬区民で選挙公報を見て来てくれた方、高校、大学の大先輩たちも、熱心に手伝ってくれた。

練馬区は、東京の中心からは少し外れた場所にあるにもかかわらず、

「1時間しか手伝えないけれど……」

と、わざわざ足を運んでくれる人もいた。

理由は様々だったが、その一因は紛れもなくクラウドファンディングだと思う。

「公職選挙法によって、クラウドファンディングは選挙中しかできない」

選挙管理委員会にそう釘を刺された。株式会社Campfireの協力によって、猛スピードでプロジェクトが立ち上がったのは4月10日。期間は4日間。

当初、選挙で資金集めをするのに抵抗があった。

「自分の決断なんだから自分自身の資金でやりくりするのが筋ではないか」

「金策する時間があるのなら、1人でも多く握手してビラを配ったほうがいいのではないか」

と葛藤した。しかし、次第に、

「クラウドファンディングは、決してお金を集めるためだけのものではない」

と思い直すようになった。


2014年の都知事選で家入一真さんが、初めてクラウドファンディングで選挙資金を集め、話題になった。しかし、家入さん以降、選挙でクラウドファンディングを行う候補者はぼくの知る限りいない。誰かが次に続かなければ、有効な手段だとしても灯火が消えてしまうと思ったのだ。

家入さんは当時から有名人だったが、無名な自分でも、クラウドファンディングで資金集め、そして仲間集めもできることを示せれば、あとに続く若者が出てくるはず。

選挙戦の終盤、ひとつのムーブメントが起きた。その家入一真さんが、ご自身のSNSでぼくを応援してくれたのだ。

これに火が付き、著名人が拡散してくれたり、応援弁士として駆けつけてくれた。結果、クラウドファンディングでは、4日で110万2000円が集まった。単なる資金集めのツールではないつもりだったが、「これで選挙資金は大丈夫」と、安心させてくれるツールになったのも事実だ。個別にメッセージする時間も割けず、SNSだけの呼びかけにも関わらず、これだけの資金をいただけたことに感動し、強い責任を感じた。

トラブルまたトラブル……

選挙期間中、危険なことも数えきれないほど起きた。

「お前のとこのスタッフが、通勤中に邪魔してきたんだけど。どうなってんだよ、お前はマナーも守れないのか」

選挙管理委員会に電話番号を聞いて電話してきたという男性は（本来選管はそんなことしないはずなので、事実ではないかと思う）、そう恫喝してきた。何度もしつこく電話がなり、確認するとすべて非通知。

選挙活動に参加したいと現れた40代くらいの男性は、女性スタッフに住所や名前を書いた紙を渡し、「初めて人を好きになりました」と告白。活動を終え、帰宅しようとするところをずっと後ろからつけてくる。

他にも、本当にいろんな人が寄って来た。

選挙はまだ終わってもいないのに、

「次は○○党から、出ない？」

と冗談か本気かも分からない言葉をかけてくる人。

1秒でも長く選挙活動をしたいときに、スタッフを捕まえて1時間近く説教をする人。

「25歳で区長？　バカじゃないの、選挙はサークル活動じゃねえんだよ」

と鼻で笑い、ブーイングをして通り過ぎる人……。

有意義なアドバイスや励ましの声をいただく一方で、自分の意見を押し付け、昔話をし始める人もいた。

「お前には何の政策もないんだろ」

ある通行人はそう言って冷笑した。古きを肯定するためだけに、ぼくたちを否定する人もいた。

それでも、ぼくたちの「社会は良くなる」という確信は、日を追うごとに揺るがなくなった。

「すべては考え抜いた結果だ。何を言われてもこのまま突っ走ろう」

いつしかそんな信念が芽生えはじめた。腹が立つことも沢山あったが、それよりも、

「誰よりも歯を食いしばって、外に立たなければいけないんだ」

と思い、とにかく1枚でも、1人でも多くビラを手渡した。

「批判より改善策を」信念の反撃

すると次第に嬉しい言葉が届き始める。

「田中くん、君にいれてきたよ！　こんなところで会えるなんて！」

地元の知己もたくさん遊びにきてくれた。

「まあちゃん、なんか変わる気がするよ、今のこの社会が！」

とぼくの手を取る。それは最強の地盤だった。

ぼくの選挙活動が若い人たちに囲まれていたのは事実だ。傍目で見る年配の方々は、「勢いとノリだけ」と思うのも無理はない。

しかし気がつけば、いつのまにか多くの幅広い年齢層の人たちが、続々と助っ人として集まっていた。

「立教大の後輩が出ていると知って、手伝いに来た――」

高嶋さんという男性は、初めましてにも関わらず時間を割いて活動を共にしてくれた。応援するだけで終わらず、実際に手と足を動かしてくれることに、ぼくは心底感謝した。若者を素直に応援したいという大人もたくさんいるという証だった。


実績も何もない中で始めた選挙戦、最初は誰からも相手にされなかった。しかし時が経つにつれ、これまでお世話になったたくさんの大人たちが、それぞれの得意な形で手を差し伸べてくれた。選挙が終わりに近づくほど、体がどんどん軽くなっていくようだった。

週末しか来られない笹島さんは、ずっとSNSをチェックし続け、

「田中を助けてくれ、お願いだ」

と、ぼくの知らないところでボランティアスタッフや知り合いに呼びかけ続けてくれた。

「批判より改善策を」

ぼくが19歳のときに何度も伝えてくれた彼の言葉は、今回の選挙でなにより強く輝いていた。

最後の日

選挙も終盤に差し掛かったころ、こんな風評が流れ始めた。

「評判いいぞ！」

「選挙ポスターがどこにいっても貼ってある。業者を使ったのか？」

この情報は、ともに戦う仲間を鼓舞した。何より、ぼく自身、飛び上がるほど嬉し

い気持ちになった。

どん底に沈んでいた初日のぼくはもういなかった。身体の疲労は、一切気にならなくなっていた。

もっと多くの人に知ってもらいたい、もっとたくさんビラを配りたい。もっと皆と一緒に戦いたい……。

ずっと付き添ってくれる仲間、必死でビラ配りをする仲間への思いが溢れ、涙がこぼれそうになる。でも戦いはまだ終わっていない。

「できることは絶対に全部やるぞ」

軽く両頬を打って帯を締めなおす。

選挙最終日、いつも通り、ぼくは朝から駅前に立った。しかし、この日は特別だった。これまで、一度も集会らしいことはしていなかった。その分、初日、そしてこの最終日の二日間に絞り、人を集め、ぼく自身の実現したい社会を多くの人に伝えようと考えていた。そうすることで、通りがかる人の興味も、より引けるだろうという目論見だった。

そこで最終日、初めて応援弁士を呼んだ。名目は、「打ち上げ式」で、前日から全てのSNSを使い、「11時　練馬駅」を告知した。

応援演説には、著名な方が、ぼくとは面識がないにも関わらず、「応援したい！」と足を運んでくれた。

「この人を勝たせないといけないんです」

熱く、自分の言葉で呼びかけてくれた。


練馬駅のロータリーに見覚えのある顔が並んだ。駅前に集まった聴衆は何百人という数ではなかったが、想像より多くの人が集まってくれた。やがて集会が終わると、息つく間もなく、仲間たちは高揚感を背に、一斉にビラ配りを始めた。

通りがかる区民の人たちも次々に声をかけてくれた。

「これからはあなたたちの時代なんだから頑張ってね」

「野球やってたんだって？　実は俺もやってたんだ。だから君に入れるよ」

練馬の駅前は熱気で揺れていたように見えた。そこかしこにビラ配りの声が鳴り響いていた。

若者の政治不参加、投票率の下降が問題視されて久しいが、いまこの瞬間は間違いなく、若者の多くが政治に参加していた。

集会が終わったあとも、もう二つ、これまでにない大切な予定が入っていた。集会での挨拶とマイク納めだ。

実はこの選挙にはもう一つ、大応援団が入っていた。それは中学の硬式野球チームだった。会長がチームの保護者300人の前で挨拶する機会をぼくにくれたのだ。中学時代の友人の父がチーム広報をしている縁で、これまで何度も選挙支援をしてくれた。

集会には有名な元プロ野球選手のコーチ、それに多くの政治家もいた。歴戦の大人たちが見つめる中、ぼくは育ててくれたチームへの感謝の気持ちを伝えた。

「ぼくはこのチームで野球ができて本当に良かったと思っています。このチームで鍛えられ、多くのことを教えられたからです。なにより、こうしてチームが続く中で、つながりを大切にしてくれる人たちがいます。思い切り真剣に打ち込むこと、絶対に諦めないこと――それを中学時代に学びました。いまぼくは政治家になりたいと立候補しました。その核が野球の学びにあるのは間違いありません。皆さんのお役に立てるよう、これからもがんばっていきます」

緊張で幾度も言葉を噛みながら、なんとか話し終えると、会長と広報部長に堅く礼を言ってその場を後にした。

向かうは最後の演説場所、石神井公園駅。

「最後までやってやるぞ」

胸の決意が全身に力を漲らせていくのを感じていた。

マイク納め

石神井公園駅に降りると、すでに予定の時間は寸前まで迫っていた。

しかし、あろうことか、マイクの音が入らない。

「なんでこのタイミングで……」

何度試しても音が入らない。

「どうしよう。どうしよう」

胸の奥でアラートが鳴り響く。みんなぼくを待っている。最後の最後までトラブル続きだ。

意を決し、ぼくはマイクを置いた。

「マイクが壊れました！　いまから皆さんへ最後の訴えをしたいと思います。声が聞こえないと思うので、よかったら近くにきてぼくを囲んでください」

後方では、区議選の他候補者もマイク納めをしており、ぼくの声は綺麗にかき消された。

その時の状況を、ある記者はこうツイートしていた。

〈マイク納めなのに、マイクおさまってた〉

後で見れば納得の表現だが、当のぼくは必死。聴衆を近くにグッと集め、「皆様の支えがなければここまでくることはできませんでした。本当にありがとうございました」と最大限のボリュームで話した。

感謝の気持ちで胸がいっぱいだった。結果が全ての世界というのは自分が一番わかっていた。けれど、どうなるかはわからない。とにかく目の前の人に、精一杯の感謝を伝えることしかできなかった。

「解散する前に、最後、田中と1人ずつ写真をとって、それをSNSにアップしてください。ぼくがカメラマンをやりますので列にならんでください」

ここでも率先して森川は行動に移してくれた。

ＳＮＳであれば、その日の23時59分まで票を呼びかけることができる。集まってくれた皆と集合写真を撮り、一人ひとり握手して別れを告げた。

しかし、選挙はまだ終わっていない。地元部隊の仕事はこれから。家に帰って最後の追い込みだ。

サイゴのサイゴのサイゴの……

【最後の最後の最後のお願い】――ＳＮＳより

〈選挙運動、本日14日の23：59になりますので、今回が選挙中最後の投稿となります。8日に告示されてから1週間、あっという間の闘いでした。でも振り返るにはまだはやい。最後の一分一秒までやりきると練馬の皆さまに宣言してきました。だから、最後、票につながるお願いをします。

「25歳、無所属、練馬区長選挙に出馬している田中」

を、皆さまの言葉を加えてシェアをお願いします。

また、もう一度、練馬区在住の人に、田中が区長選挙に出ているということをお伝え下さい。意外に思うかもしれませんが、盛り上がっているのは、ぼくたちの周りだけです。実際は練馬区長選挙があることも知らない人ばかりです。前回の投票率は30%でした。

改めて、若い人だけではない、多くの力が結集した選挙戦でした。皆さんに感謝を伝えるためにも、一票でも多く、少しでも社会が前進するように、最後の最後までどうぞ宜しくお願いします〉

疲労はとっくにピークで、いつでもプツンと気持ちが切れそうだった。それでも、最後まで、仲間が隣にいてくれた。隣では、一緒に寄り添ってくれたスタッフがiPhoneと向き合い、文章を紡いでいる。お金も出ない中、最後まで支えてくれた。

「みんなと笑っている時間が、少しでも長く続けばいいのに……」

23：59までぼくたちはできる限りのことをやりきった。夜を徹しての作業が終わり、その日の談笑はいつまでも続いていた。

敗北

翌朝早く、ぼくは目を覚ました。昨夜までの選挙戦の高揚がまだ胸に残っていた。今日は運命の投票日。前日、雨の予報だったにも関わらず、青空が広がっていた。淡々とした歩調で投票所に向かう。投票用紙に自分の名前が書かれているのは不思議な気持ちだった。

投票を済ませると、特にすることもなかったので、ある場所へ出かけることにした。実は前日、選挙管理委員会から、一本の電話がかかってきていた。選挙中に「選挙管理委員会ですが…」と告げられたときには「終わった――」と思った。

「きっと気がつかないところで法律違反をしてしまったに違いない……」

そう思い、ドキドキしながら電話を取ると、

「田中さんのポスターに、いたずらの報告が入りました。警察にいくかは田中さんに

お任せします」

良かった……。

ポスターにいたずらするほどぼくが嫌いなのか、とも思ったが、安堵感がはるかに勝った。

家の近くだったので、スタッフと一緒に見に行くと、顔に少し傷がつけられていただけだった。

街頭での感触、区民の期待感、期日前投票の大幅な増加、投票日、雨の予報から一転、晴れ上がった青空――。

「10％上がったら革命を起こせるよ」

選挙前、とある知人から言われた言葉を頭の中でなぞる。

ついに選挙の番組が始まった。一緒に戦ってくれた地元のメンバーたちと自宅のテレビで見ていた。電話中継もあり、一時も気は抜けない。開票の時刻が近づくにつれて、だんだん気持ちも穏やかではなくなってきた。

「はじまった！」

みんな、食い入るようにテレビ画面を見つめる。

選挙運動のダイジェストが流れ、1時間が経つ頃、ついに投票の第一報が流れた。

「田中まさゆき　8000票――」


―――


驚くほどあっけなく、結果は出た。

開票率はまだ30パーセント近くだったが、すでに当選の望みは断たれた完膚なきまでの敗北だった。

票数が出た瞬間、部屋の中は静まり返っていた。仲間たちはただ呆然と、口を結んでテレビを見つめていた。どれだけ画面をにらんでも数字は変わらなかった。

結果的にぼくの得票数は1万9782票で、4人中、3番目。1位の区長は10万票。皮肉にも、ぼくが豪語していた数字だった。圧倒的な力の差。投票率は31・38％と過去最低となった。

「10％上がったら革命を起こせるよ……」

ぼくに投票率を上げる力はなかった。

心身を賭してくれた仲間たちを前に、なんとか心を保ち、明るく振る舞う努力をしていたが、内心、喜怒哀楽では表せない感情が込み上げてきていた。しかし、ここで終わりではない。次に向けてまた一歩踏み出そう。そう思い、すぐに反省会と称して、一人ひとりに選挙を通じて感じたことを話してもらった。

「悔しい……」

「これまでにない経験だった」

「次こそ！」

ぼくの思いつきとわがままから始まった選挙にそう言ってくれる仲間たち。

きっと、各々が、満たされない思いを抱えていただろう。言いたいこともたくさんあっただろう。それでも、最後までともに、闘ってくれた。これが最後のミーティングだった。

この挑戦がどんな意味を持ち、ぼくたちはどう未来を創っていけるのか、このタイミングで考えておきたかった。

こうして、ぼくたちの選挙戦は終わった。

5章　戦いのあと
——テレビ、ネットの反響、批判

「いまの率直なお気持ち、出馬のご感想を聞かせてください」

投票日の翌日、テレビディレクターにそう問われた。

「（現職の区長は）強かったです……」

ほかに言葉が見当たらなかった。

前区長が積み上げてきた実績と信頼が、10万超もの票をつないでいる――。選挙が終わったいま、はっきりと分かったのだ。

正直なところ、結果を受け入れていいのかわからなかった。選挙後、多くの人が、

「2万票もとったんだ。すごいよ！」

「得票数の10パーセントだよ、泡沫候補ではないという証だよ」

と健闘を讃えてくれたが、明らかに完敗だった……。

そして時が経つほどに、自分の弱さをあらためて立体的に実感する。

「政治は結果責任」

「結果が全て」

いまや、その通説の正しさが痛いほど分かった。そんな身悶えする日々が続いていたとき、友人がSNSでこう書いてくれた。

〈何の批判も飛んでこない安全地帯で無責任に政治の批判する人が多い中で、これだけ心も体も財布も絞って『自分が変える』と立ち上がった姿はほんとにかっこ良かったです。正直、田中君の公約や演説の100％全てを支持してたわけじゃないけど、どんな考え、出自の人でも政治の場に挑戦できる民主主義の土壌が出来たらいいな、と思って微力ながら応援させていただきました〉

その言葉はぼくの心を包んだ。

「必ず這い上がる」

胸の火が再び燃えはじめる。これだけ仲間たちに叱咤激励され、区民の皆様から大きな期待を背負ったのだ。

誰だって挑戦するのは怖い。全てをさらけだすのだから恥ずかしさもある。失敗すれば何かと理由をつけて言い訳をしてしまう。だからこそ、一歩踏み出せるような、誰かの背中を押せるような踏み台となる何かをつくりたい。

〈意志あるところに道は開ける〉

まさにリンカーンの言葉の通り、後になって考えると、最初から自分の意志での出馬であったことが多くの経験をもたらしてくれたと思う。

「ある党から誘われちゃってさ。本当は出るつもりなかったんだけど……」

こうした声もよく聞くが、ぼくには誰かのせいにする要因がなかったことも最後まで諦めることなく闘えた一つの要因だった。

だが、勝てなかった人間に説得力はない。

「大きくなってまたこの場に帰ってこよう」

固く唇を結んだ。

人生に幅のある社会を目指して

仲間たちはそれぞれの日常に戻っていった。

「きっともう2度と同じチームでやることはない……」

急に背中を寂しさが襲う。だが、これは永遠の別れではない。今度はぼくが、彼、彼女らを応援する番。

共に戦った選挙戦、彼らが何を感じ、何を得たのか——、本心はぼくにはわからないけれど少なくともぼくは幸せだった。

仲間たちと大きな夢を描き、実行していくことが、ぼくはやっぱり好きだった。


選挙が終わって、しばらく経つころ。

ぼくと森川、それにポスターのとき世話をかけた後輩の井上で、お酒を飲んでいたとき、気づくと森川が泣いていた。あわてて井上に目をやると、こちらもやはり泣いていた。

「あれだけやったのに……。ちくしょう」

「なんで俺は全然力になれなかったんだ！」

普段は憎らしいほど優秀で、弱みなんて決して見せない二人が、いまは人目をはばからず嗚咽している。共に戦った仲間が抱えていた思いがより伝わってきた。

あの戦いのあと、

「何もできなくてごめんなさい。絶対4年後、もっと成長して貢献します」

と声をかけてくれる人がたくさんいた。きっと、仲間内でも、それぞれの実力や貢献度を痛いほど感じていたのだと思う。どうして、通用しなかったのか――、準備不足など、要因はあげたらキリがない。

それでも足りないこともよくわかった。だからこそ、常に自分を否定しながら、成長していかないといけない。

どこまでストイックになれるか……。それを共に、支えていくのが、仲間なのだと思う。

「必ず、一緒に良い世界をつくろう」

何歳になっても、自分が「やりたい」と思ったその瞬間に挑戦できる――。社会にレールなんてない。

父母に「ありがとう」

ぼくの家族にも平穏な日々が戻った。父は言った。

「ここまで交友関係があったことに驚いた。誇りに思う」

その言葉を聞いて、改めてぼく自身も両親への感謝の気持ちでいっぱいになった。

間違いなく、この両親でなければいまのぼくはいない。普段は言えないけれど、ありがとう。

あれだけ「私を巻き込まないで」と言っていた母が、ビラを配り続けていたのを知ったのは、その2週間後に放送された、フジテレビ『ザ・ノンフィクション』でのことだった。しかし、その平穏な日々に亀裂が走ったのだった。

曇りのち雨……、のち晴れ

選挙から2週間後の日曜日の午後。

フジテレビで、ぼくの選挙に密着した『ザ・ノンフィクション』が放送された。

「史上最年少の候補者」、「SNSを駆使し挑む新世代の選挙戦」……、キャッチーな言葉で全身を覆われた無謀な若者はマスメディアには絶好の素材だったに違いない。

政治どうこうではなく一人の人間の生き方を特集する、という番組コンセプトは共感でき、若い人でもチャレンジしていいんだ、というのがテレビを通じて伝われば、社会に良い影響を及ぼすのではないかと思っていた。

「選挙にテレビを入れるのは絶対にやめたほうがいい」

「テレビのために選挙に出たと言われるぞ」

そんな声もあったが、自分に断る理由はなかった。何事もやってみなければわからないのだから。担当のカメラマンとは常に時間を共有し、問いかけも多くされ、ぼくにとっても一日の振り返りになり有意義だった。カメラがあることで有権者も一層注目しているようだった。

また、選挙の仲間たち、特にその家族が、テレビが入ることで安心してくれた。

「田中って誰？　選挙？　怪しいことに巻き込まれてるんじゃないのか……」

選挙スタッフのほとんど全員が、両親や友人から言われていると聞いていた。


一緒に選挙を闘った仲間達とテレビを囲み、番組が始まるのを待っていた。

放送がはじまると、かたずを飲んでいた場の緊張は一旦ほどけ、お互いに指を指し、しばし笑いあった。けれども放送が進むにつれて、だんだんと部屋の空気が重くなるのが手に取るようにわかった。そこに映っていたのは、無謀にも練馬区長選に出馬するも、親のスネをかじって選挙の資金を借り、「声が小さい」と区民から叱られ、そして結局選挙に敗れたダメ男だった。みるみるうちに、ネット上はアンチコメントで溢れかえった。


〈二万人も票が入っただなんて練馬区民は頭おかしいんじゃないか〉

〈「自分探し」のために政治を使うな。さすがゆとり〉

〈あなたよりうちの娘の中学の生徒会長の方が、よっぽどしっかりしてました〉

〈ほらな、やっぱり無謀だった〉


大手サイト、巨大掲示板に降り注ぐ辛辣な弾幕、個人宛に届くお叱りのメッセージ――。瞬く間に誹謗中傷のコメントをまとめた「まとめサイト」もできあがっていた。

放送前は、「テレビに出る以上、多少の炎上は当たり前」と気軽に構えていたが、いざ自分がその対象となってみると、吐くほど苦しいものだということを思い知った。

何よりつらかったのは、選挙戦の仲間達につらい思いをさせたこと。「こんなやつを手伝っていたのか……」、番組を見た親御さんからそう幻滅されたとも聞いた。

今にもＳＮＳで反論したい気持ちが発火したが、それはぼくの本望ではない。

「反論しても結局、衝突がおきるだけで何も生産性はない」

事実でない批判があっても、グッとこらえるしかなかった。


「ネット上の声なんて無視したらいいよ」

そんな優しい言葉をかけてくれる方たちもいた。何も知らない見ず知らずの人間の書き込みなんて気にしなくていい……、頭では理解していたが、そう思おうとすればするほど、身体は反対に反応した。

それからしばらく、毎日のようにお酒を飲んだ。そうしなければ眠れなかった。眠りも浅く、夢の中までネットに寄せられた批判が出てくることもあった。額にびっしりと汗をかいて目を覚まし、グッタリして起き上がれない生活が続いた。

「あの時、ああしていれば……」

自己嫌悪に襲われる毎日だったが、幸運にも、苦しいときに、そっと寄り添ってくれる友人、恩人がいた。

「文句を言う前に『お前は本当に投票にいったのか』って言いたい。俺は必死になって頑張る人間を応援するよ」

そんな言葉に、ぼくは目をそらしていた選挙のことを、ようやく客観的に振り返ることができつつあった。

密着したテレビのディレクターさんは最後にこう総括してくれた。

「今回ずっと君たちのチームを見ていて、本当に文化を作っていると感じた。それも学校の文化祭みたいな若者のノリじゃなくね。でも、選挙という文化を生み出しているという意味では、文化祭といってもいいのかもしれないな」

それはぼくが一番言われないよう、気をつけていたことだった。

「ノリで出馬した」

いつまでも、どこまでも真剣に。それが最低限の礼儀だと思っていた。

テレビを見て、わざわざ手紙や電話で労いをくれる人もいた。時間とともに、苦しさはなくなっていった。

ぼくたちを取り巻く環境は、すっかり日常に戻っていった。しかし、開票が終わればそれで選挙が終わるわけではない。挨拶回り、収支報告書など、まだまだやることがあった。これまで購入した物品のレシート、選挙道具の支払いや供託金の変換、公費の請求など、大きなお金が動いていた。

区長などの首長選挙には、「供託金」という100万円のエントリー費用が必要で、この費用は、一定の得票（総得票数の10パーセント）を取ると返還される。

今回の区長選総得票数は約17万票、つまり、1万7000票以下だと供託金は没収になる。そのため、ぼくたちは最後まで選挙結果から目を離せなかった。結果は1万9782票――。当選は叶わなかったものの、どうにか供託金返還ラインを超えた。

このラインを超えると、ほかにも、ポスター、ビラ、ウグイス、選挙カーなどが公費負担となる。これは次なる挑戦を大いに勇気づけるものだった。借金で調達したお金をそのますぐに返すことができ、心の余裕にもつながったからだ。

正直なところ、お金をかければかけた分だけ票は入る。選挙カーだって、ないよりあったほうが全然いい。

ぼくが購入したマイクやスピーカーは、党所属の政治家のそれとは全く違うものだった。明らかなボリュームの違いを感じる場面も少なくなかった。

何をするにも初めてのことばかり、ほぼ全員が選挙の素人の中、選挙中、一度も内紛はなかった。仲間同士、罵声が飛び交うこともなかった。それぞれの立場で抱える葛藤や怒り、苦しみはあったはず。それでも、それを黙して表に出さず、歯を食いしばって痛みに耐えてくれた……。

チームや個人の強さを垣間見た気がした。

「もう一生あんな辛い思いしたくない」

苦く相好を崩す友人の横顔に心の中で礼をして、また一緒に戦ってくれたら、と思った。

本当にありがとう。

1週間という短い期間のはずだったが、ぼくにとっては、これまでにない濃密な期間だった。

こうしてぼくの――、ぼくたちの7日間は終わりを告げた。

6章　選挙戦記エピローグ

熱狂のあと

日が経つにつれ、誹謗中傷の声も消えていった。代わりに声をかけてくる人が増えた。

「ぜひ選挙のことについて話してほしい……」

特に語るものはなかった。

「当選したわけじゃないし、ましてぼくだけのものでもない」

ぼくは、小声でいつもそう答えた。しかし、ふとこうも思った。

「ぼくは何のためにやったのか。社会を良くするためじゃないか。そうであれば、できる限り話していくべきだ」

いつか仲間たちに恩返しできる日がくるはず。そう決めると、ぼくはどこにでも足を運ぶようになった。

選挙前に挨拶した方々に、挨拶に回る日々も続いた。ある編集部にはビラがはってあったり、ご飯に連れて行ってくれたりと労ってくれた。改めて、ぼくの知らないところで、多くの人が応援してくれていたのだった。

世代間断絶、若者の政治参加を考える

出馬したとき、沢山の葛藤を抱えた。選挙活動中、何度も逡巡した。敗戦後、なかなか立ち直れなかった。そんなことを言うと、

「政治家がそんなに弱くてどうするの」

という人が必ずいる。

〈政治家は強くなければいけない〉

この固定観念もまたぼくを苦しめた。

政治家という職業に対する偏見は、世の中に強く根を広げている。

「政治家は選挙のことしか考えない」

「権力をふりかざす悪だ」

そう考えられがちなのは残念でしかない。

ぼくは、政治家というのは、強さと脆さを兼ね備えるものだと思う。どんなにエネルギーに溢れ、活動的に見えても同じ人間。だからこそぼくは、政治家は必ずしも完全である必要はない、聖人君主である必要はないと思う。

「この子を応援したい！　育てたい！」と、ファンがアイドルに時間とお金を割くように、政治家も、そのサポーターが成長のプロセスを応援していけば、政治家を目指すハードルはもっと下がるはず。

政治家にも改善すべき点はある。ある政治系ベンチャー企業の社長は、政治家についてこう言っていた。

「『政治家になりたい』と思わせるには、ベンチャー企業のようにお金を稼げるような職業にならないといけない。いまの〝政治家〟はクールじゃない」

まさに、同感。

「政治家ってかっこいい！」

胸をはって、子供たちに

「政治家はいい仕事だぞ」

と伝えている政治家にはあまり出会わない。

「スポーツ選手、Youtuber、起業家……」

そうした職業に負けず劣らず政治家は魅力的だ、というのを伝えていくのも一つのできること。

決して出馬が全てではないが、多くの人に出馬してほしいと思う。政治家の苦楽がわかり、痛みも共有できる。意味のない、無駄な足の引っ張り合いも少しは減ると思う。

「そう言われても出馬のハードルは高い」

そう思う人も多いが、確固たる意志さえあれば、不思議と壁は乗り越えられる。それよりも、今の社会は、小さなことでも最初の一歩を踏み出すハードルの方が高い。お金の問題ではなく心のハードルだ。

最初は苦しいけど「まずやってみる」。やってみることで、新たな目標を見つけるきっかけになる。やらなければ、そこから得るものは何もない。

選挙のあと、「ぼくも選挙に出ようと思います。方法を教えていただけませんか?」という連絡が、同世代の方からポツポツきた。しかし、まだまだ少数。

「政治のこと全くわかっていないから」

「政治活動＝「デモ」＝怖い、というイメージが付きまとっている」

そんな「政治」の重厚なイメージに息苦しさを感じ、敬遠している人がほとんどだ。しかし、今回の選挙で、日頃、政治を勉強したり論じない人たちが、大勢、背中を押して支えてくれた。

「初めて政治的な寄付をしたよ」という、クラウドファンディングのコメントを目にして、やりたかったことの一つに近づいた気がした。

政治は一部の人のためのものではない。日常の生活につながっているのだ。

近年、日本では、「模擬投票」や「主権者教育」の必要性が声高に叫ばれている。今回の練馬区長選挙の投票率は、30代よりも10代のほうが高く、教育は着実に実を結んでいるようだ。

アメリカでは、大統領選挙で各陣営のインターンを行い、それが学校の単位になる。模擬体験や机上の知識より、「リアルな体験」を重視する……。

現場で直接その熱量を感じることは、政治や選挙への圧倒的な関心を生むのだ、選挙のボランティアから道が広がった。

世代間の断絶も大きな課題だ。

〈世の中に溢れている若者論は的外れである〉

と、若者たちが共通言語を唱える。

「東日本大震災の対応で民主党政権はひどかった」

という大人たちの共通の記憶を若者は知らない。そうした世代間の隔絶を越えて心を掴むにはどうしたらいいのか。

これからも考えていく必要がある。

「楽しかった」と政治参加できる社会に

選挙が終わってから、よくされる質問がある。

「選挙、楽しかった?」

ぼくはいつも答えに窮する。

「楽しかったなんて言ったら、区民の人はどう思うんだろうか……」

本気でやったという自負はもちろんある。決して遊びのつもりで出馬したわけではない。しかし、真剣だったからこそ「楽しかった」のも本音なのだ。

「出馬してよかったと思っています」

やはり神妙にそう伝えると、

「『楽しかった』って素直に言える空気のほうがいいじゃん！」

と言ってくれる人がたくさんいた。

「楽しく働いたほうがいいに決まっているのと同じだよ」

ふざけるのと楽しくやるのは違う――、野球部の時に言われたことを思い出す。

みんながやりたいことを好きなだけやれる環境を。

ぼくは人を「勝ち組・負け組」、「仕事のできる人・できない人」と決めつけるのは好きではない。環境の変化次第で、「ダメなヤツ」と貼られたレッテルは、「必要不可欠な存在」になる可能性があるからだ。

そんな人たちの背中を押せる機会をつくれたら――、そんな思いから、また新たな挑戦を始めた。

これまでの慣習にとらわれず、自らの強い意志で、環境を変えていこう。

ぼくたちの挑戦はまだまだ続く。

日本最興戦略

選挙戦にフォーカスしてきたが、最後に、ぼくが考える「日本再興戦略」を述べて終わりにしたい。

街をつくるのには、30年、40年、いや、それ以上時間がかかる。それでも、「この人ならやってくれるんじゃないか」という期待が「希望がない」と言われ続けてきたこの国に必要だと思った。

この人になら託してもいいと思ってもらえる人になるには、まだまだ不十分だったが、その期待に応えるためには、誰であっても、一つずつ結果を積み上げていくことしかない。

そのために鍵を握るのは、スピード感のある意思決定。

国という単位では、あまりに大きすぎるし、国がすべての地方の事柄に対して責任を負うことなど不可能。

そのために、地域に頼ってみる。「役割」と「責任」を各地域が持ち、改革していく。そもそも、国と地方は、上司と部下ではなく、対等な立場であるべきだと思っている。それぞれの役割があるのだ。もちろんそんな簡単には変わらないが、地方の首長同士や優秀な技術や発想を持つ人材、洗練された民間企業と手を組んで、地方から変えていける。

すべての制度を変えなくとも、一部例外を認めていけばいい。特区制度、岩盤規制の打破のように、小さく、変化を起こし続けることが、社会は変わるんだという実感と希望をもたらすことができる。アメリカやイギリス、日本もそうだが、各地の首長が独自の条例をつくり、話題になっている。首長という強力な権限は、社会の制度を変えていける。

そして、過去の栄光にしがみつかず、時代に適した社会をつくっていく。まずは、当たり前のように技術を最優先に活用していくべきだろう。

ＩＣＴ、情報通信技術があれば、業務は効率化され、格段に行政サービスが向上する。一昔前までは、ネットはこわいと言われてきたが、今ではだいぶその意識は薄れてきた。むしろ、データの削除、捏造や偽造、修正、改ざんが意図的に行える環境にあるほうがよっぽど怖い。

データ改ざんや、捏造、書類はなくなりました、といった話は、技術を活用すれば、基本的には起こらない。取引履歴も全て可視化される。

そういったシステムがあれば、不正への抑止力が働く。人間の欲に勝つには、システムを設計するしかない。お金をとられたくなければ、自分のお財布から現金をなくし、カードやスマホで支払えばいい。

ある友人が「一部の政策は反対だけど応援する」と言ってくれたのは記した通りだ。選択的夫婦別姓やＬＧＢＴ、外国人受け入れなど、価値観が多様になってきた今、全てが同じ考えの人などいるはずがない。

何かを行うにあたって、賛否が分かれることなど当然。「民主主義は最悪の政治といえる。これまで試みられてきた、民主主義以外の全ての政治体制を除けばだが」というイギリスの元首相であるチャーチルの言葉がよく引き合いに出されるが、より、「ましな方」を選び、改善していけばいいのだ。よりよい方向にしていくために、理想論ではなく、実現するための議論を積み重ねていけばいい。

だからこそ、何度もいうが、ぼくは役割分担が大事だと思っている。当事者たちに任せてみる、得意な人に頼ってみる。そうすれば、意思決定も早いし、当事者意識が芽生える。これだけで物事は一気に前に進む。

だからぼくは政治も行政の経験もなかったが、怖くなかった。自分にはないものをもっている人がこの社会にはたくさんいる。だから、きちんと実行できるチームを作ればいい。

「よそ者、若者、ばかもの」がイノベーションを起こすとされている。ぼくにあてはまるかはわからないが、行政を知ったものだけが行政をやらなければいけない理由など、どこにもない。まず踏み出す。足りないことがわかれば、その不足を補う人やアイディアなんて、いくらでもいる。そして本気であることを伝え、協力をお願いしたらいい。お金がなければクラウドファンディング。練馬にないものがあれば、他の都市や外国と組む。全てを一人でやる時代はもう終わり。一人でできることなんて限られているし、人は支え合ってこそ幸せを実感し、必要とされることで、この人のために頑張りたいと力を発揮する。何をするにも、早すぎることも、遅すぎることもない。結果はどうなるか、やってみないとわからない。

区長として、24時間、365日は言い過ぎだが、自分の人生の全てを掲げて、立ちはだかる社会の壁に立ち向かう覚悟はあった。結果、願いは叶わなかったが、ぼくは社会変革のために、何度でも闘い続ける。とにかく、解決策から逃げないこと。そう肝に命じている。

終わりに

もっとああしたらいいのに。こうしたらいいのに。何かをやっている人を見て、そう思うことも度々あった。

でも、確信した。当事者になってみると、思ったより、自分ってできない。

頭で描いたイメージと実際の姿の乖離に愕然とした。

自己嫌悪で自分を攻め続ける毎日。何もかも、失敗だらけの人生——。

もう足の引っ張り合いばかりの政治の世界なんて懲り懲りだ、とさえ思った。あれから時が経ち、それでも今、練馬区長を志した頃と思いが変わっていない自分がいる。

25歳で区長を目指したことは、多くの人々から「無謀だ」と揶揄された。けれどもぼくは——ぼくたちは本気だった。信念を持って、本気で社会を変えたいと願い、真正面から選挙に挑んだ。

「政治や選挙に興味なかったけど、田中が選挙に出たことで興味を持ったよ」

そうした友人の声を聞くたびに、ぼくの最初の区長選は意味のないものではなかったのでは、と実感した。

昔から、負けてばかりの人生だった。社会は決してフェアではないことも25年間生きてきて少しはわかっているつもりだ。今回だって、負けだった。それでも、バッターボックスに立てたことはこの上なく嬉しかった。

世の中は優秀な人であふれ、どこにいっても、なにをしても、いつも上には上がいた。

「自分の存在価値はない……」

「自分にはできない」

「仕方ない」

多くの人が自らの限界を知る。ぼくだって、自分の平凡さ・未熟さを嘆く毎日だった。しかし、「こうしたいんだ」という意志と、社会は絶対によくすることができるという確信が、ぼくの心と体をつなぎとめてくれた。挑戦を諦めてしまっては、勝敗はつかない。出馬しなければ当選はしない。

若いゆえの批判や苦しさ、喜びや強みが書かれた本書が、多くの人の挑戦の手助けとなることを願っている。

そして共に社会を変革していく仲間になってくれると嬉しく思う。

田中 将介 たなか まさゆき

1992年（平成4年）、東京、練馬生まれ。
練馬区立光和小、國學院久我山中・高、立教大学卒業後、記者に。
大学在学中、カンボジアでのボランティア活動や、
国際NGOでのインターン等の経験をきっかけに取材活動を始める。
学生時代は野球に明け暮れる。
2018年4月、練馬区長選挙に25歳で出馬。約2万票を獲得するも落選。
2018年9月、株式会社ミルミーを設立、代表取締役社長に就任。

ツイッターアカウント：@masa_tanaka4
フェイスブックアカウント：tanakamasayuki1001
E:mail：tanakamasayukiofficial@gmail.com
HP：http://masayukitanaka.org

7日間 ぼくの 選挙戦記
25歳で区長選挙に出馬した理由

2019年7月2日　第1刷発行

著　者　田中　將介
発行者　本間　千枝子
発行所　株式会社遊行社

〒160-0008 東京都新宿区四谷三栄町5-5-1F
TEL　03-5361-3255
FAX　03-5361-1155
http://yugyosha.web.fc2.com/
印刷・製本　創栄図書印刷（株）

ISBN978-4-902443-49-3 C0095